Das Land Jesu

Religion entdecken – verstehen – gestalten

Ein Unterrichtswerk für
den evangelischen Religionsunterricht

Herausgegeben von
Gerd-Rüdiger Koretzki und
Rudolf Tammeus

Beratung:
Albrecht Willert, Recklinghausen

ISBN 978-3-525-77567-7

2., überarbeitete Auflage 2008

© 2011, 2008, 2001, Vandenhoeck & Ruprecht GmbH & Co. KG, Göttingen/
Vandenhoeck & Ruprecht LLC, Oakville, CT, U.S.A.
www.v-r.de

Alle Rechte vorbehalten. Das Werk und seine Teile sind urheberrechtlich geschützt. Jede Verwertung in anderen als den gesetzlich zugelassenen Fällen bedarf der vorherigen schriftlichen Einwilligung des Verlages.
Printed in Germany.

Gestaltung: Rudolf Stöbener, Göttingen. Gesetzt aus der Rotis.
Layout|Lithografie|Grafik: weckner media+print GmbH, Göttingen
Druck und Bindung: Memminger MedienCentrum, Memmingen

Gedruckt auf alterungsbeständigem Papier.

Religion

entdecken
verstehen
gestalten

7./8. Schuljahr

Erarbeitet von

Ulrike von Fritschen
Cornelia Lorentz
Evelin Schwartz
Michael Stille

Vandenhoeck & Ruprecht

Inhalt

5–22	Nächstenliebe
23–40	Mehr als alles – Sehnsucht und Sucht
41–58	Gottessymbol Hand
59–76	Propheten
77–94	Frauen der Kirche
95–114	Andere Erfahrungen – andere Religionen: Der Islam
115–132	Von Wundern erzählen
133–150	Kreuzeserfahrungen
151–168	Bedingungslose Annahme – die Sache mit der Rechtfertigung
169–186	Bruder Franziskus
187–202	Naturreligionen
203–220	Begegnungen
221–224	Quellenverzeichnis

Nächstenliebe

Thomas Zacharias, 1966

Nicht meine Sache

Geh an ihm vorbei

als ob er nicht da wäre.

Kümmere dich **nicht**
um **seinen** versunkenen **Blick.**

Er ist **hier,**
weil er hier sein will.

Alles **Geld,** das du ihm schenkst,
gibt er für **Schnaps** aus.

Er ist nicht unser **Problem.**
Wir **kennen** ihn nicht.

Noch ein **Penner** auf der Straße.
Was kümmert mich das.

Soll er doch **arbeiten,**
dann hat er auch zu **leben.**

Er ist gar **kein richtiger** Mensch,
nur **Müll** auf dem **Weg.**

Noch ein **Stück Müll,**
das ist alles…

O bitte, **Gott,** lass nicht zu,
dass mir das **Gleiche** geschieht.

D. J. Purnell

Der barmherzige Samariter

Und siehe, da stand ein Schriftgelehrter auf, versuchte ihn und
sprach: Meister, was muss ich tun, dass ich das ewige Leben ererbe?
Er aber sprach zu ihm: Was steht im Gesetz geschrieben?
Was liest du?
Er antwortete und sprach: „Du sollst den Herrn, deinen Gott,
lieben von ganzem Herzen, von ganzer Seele, von allen Kräften und
von ganzem Gemüt und deinen Nächsten wie dich selbst."
Er aber sprach zu ihm:
Du hast recht geantwortet; tu das, so wirst du leben.
Er aber wollte sich selbst rechtfertigen und sprach zu Jesus:
Wer ist denn mein Nächster?
Da antwortete Jesus und sprach:

Es war ein Mensch, der ging von Jerusalem hinab nach Jericho
und fiel unter die Räuber; die zogen ihn aus und schlugen ihn und
machten sich davon und ließen ihn halb tot liegen.
Es traf sich aber, dass ein Priester dieselbe Straße hinabzog;
und als er ihn sah, ging er vorüber.
Desgleichen auch ein Levit: Als er zu der Stelle kam und ihn sah,
ging er vorüber.
Ein Samariter aber, der auf der Reise war, kam dahin;
und als er ihn sah, jammerte er ihn; und er ging zu ihm,
goss Öl und Wein auf seine Wunden und verband sie ihm,
hob ihn auf sein Tier und brachte ihn in eine Herberge
und pflegte ihn.
Am nächsten Tag zog er zwei Silbergroschen heraus,
gab sie dem Wirt und sprach: Pflege ihn; und wenn du mehr
ausgibst, will ich dir's bezahlen, wenn ich wiederkomme.

Wer von diesen dreien, meinst du, ist der Nächste gewesen dem,
der unter die Räuber gefallen war?
Er sprach: Der die Barmherzigkeit an ihm tat.
Da sprach Jesus zu ihm: So geh hin und tu desgleichen!

Lk 10,25-37

Hans-Georg Anniès, 1970

Anders sein

Mannis Sandalen

Manni ist groß, er ist schon fast so groß wie die Jungen, die auf Mopeds fahren dürfen. Er hat auch schon Barthaare am Kinn, man sieht es, wenn die Sonne auf sein Gesicht scheint. Aber er spricht noch wie ein kleines Kind. Die Leute sagen: „Manni ist nicht richtig im Kopf." Die Kinder sagen: „Der ist blöd."
Manni hatte neue Sandalen bekommen, sie waren aus hellem Leder. Manni musste immer auf seine Füße sehen, so schön fand er die neuen Sandalen.
Er stellte sich vor die Haustür. Die Sandalen glänzten in der Sonne. Manni bewegte die Zehen und das neue Leder knirschte. Er bückte sich und strich mit dem Zeigefinger darüber. Es fühlte sich so glatt an.
Die Kinder kamen aus der Schule. Sie sahen Manni dastehen und ein Junge sagte: „Na, du Doofer?" Und ein anderer sagte: „Pass auf, Manni, die Sonne trocknet dir deine dicke Brille noch aus!"
Sie lachten alle und Manni lachte auch. Er hatte gar nicht verstanden, was sie zu ihm sagten. Er freute sich nur, weil sie da waren und weil sie mit ihm redeten.
Jetzt wollte er auch etwas sagen. Er machte den Mund auf, aber es kam nur Spucke heraus, die lief ihm über das Kinn mit den dünnen Barthaaren.
Ein Mädchen sagte: „Bäh, der sabbert wieder!"
Dann kam aber endlich doch ein Wort aus Mannis Mund, mit der dicken Zunge stieß er heraus: „-daln!", sagte er.
Aber die Kinder waren schon weitergegangen.
Manni lief ihnen nach. Er hielt einen von den kleinen Jungen fest und rief: „S-daln! Neu!"
Der Junge hatte Angst vor Mannis Gesicht, er wollte sich losreißen, aber Manni hielt seinen Arm fest. Der Junge sollte die Sandalen anfassen, er sollte das glatte neue Leder fühlen. Manni zerrte seinen Arm nach unten. Manni war stark.
Der Junge trat nach Mannis Bein, er schrie und die anderen Kinder kamen zurück. Sie stießen Manni weg, sie schimpften.
„Du mit deinen blöden Sandalen!", schrien sie. „Lass den Kleinen in Ruhe!" Sie drängten Manni an die Mauer und dann trat einer von ihnen auf Mannis rechten Fuß und dann trat er ihm auf den linken Fuß und er lachte dabei.
Dann taten sie das alle, sie traten auf Mannis Füße. Nur ein Mädchen nicht, das stand dabei und sah zu, wie sie auf Mannis Füße trampelten, bis die neuen Sandalen blind und verkratzt waren und staubig vom Straßendreck.

Manni hielt still. Er wehrte sich nicht, er sagte nichts.

Dann kam eine Frau. Sie schimpfte mit den Kindern. Manni sah, wie ihr Gesicht rot wurde, er merkte, dass sie zornig war. Die Kinder liefen weg und Manni lief auch weg. Er hatte Angst vor der Frau.

Er lief ins Haus zur Mutter. Sie sagte: „Manni, was hast du gemacht? Die schönen Sandalen!"

Er konnte ihr nicht erzählen, was die Kinder getan hatten. Er zitterte und schnaufte und bekam keine Luft. Das war immer so, wenn er aufgeregt war.

Die Mutter putzte die Sandalen und Manni sah ihr dabei zu. Er freute sich, er lachte schon wieder. Aber die Sandalen wurden nicht wieder neu, sie hatten zu viele Kratzer. Als Manni das merkte, wollte er sie nicht wieder anziehen. Aber die Mutter wollte es und Manni zog sie wieder an.

Nachmittags ging er wieder auf die Straße. Die Kinder fuhren auf ihren Fahrrädern. Manni stand am Bordstein und sie kurvten dicht an ihm vorbei. Er lachte, er freute sich, dass er ihnen zusehen durfte.

Sie sagten: „Na, du? Bist du auch wieder da?"

Und sie taten, als wäre nichts gewesen.

Ursula Wölfel

Diakonie: dem Nächsten helfen

Friedrich von Bodelschwingh – „Vater" von Bethel

Friedrich von Bodelschwingh wurde am 6. März 1831 in Tecklenburg (in der Nähe von Osnabrück) geboren. Sein Vater, Ernst von Bodelschwingh, war als Finanzminister tätig.

Friedrich von Bodelschwingh besuchte in Koblenz, Berlin und Dortmund die Schule. Nach seiner Abschlussprüfung studierte er zunächst Physik und Botanik, entschloss sich dann aber, den Beruf des Landwirtes zu ergreifen.

Nach seiner Soldatenzeit arbeitete er in Gramenz (Hinterpommern) als Landwirt und Gutsinspektor. Dort fand er Anschluss an pietistisch geprägte Bibelkreise.

1854 „verspürte" Bodelschwingh eine „Berufung" zur Missionsarbeit. Schon wenige Wochen später begann er in Basel mit dem Studium der Theologie.

„Vater Bodelschwingh"

Nach dem bestandenen ersten theologischen Examen im April 1858 hinderten ihn plötzlich auftretende Glaubenszweifel daran, in die Mission auszureisen, so wie er es mit der Basler Mission geplant hatte. Stattdessen arbeitete Bodelschwingh in den nächsten sechs Jahren in Paris als Pfarrer unter deutschen Auswanderern. 1864 wurde seine Frau schwer krank und er musste seine Arbeit in Paris beenden. Jetzt übernahm er als zweiter Pfarrer die Gemeinde Dellwig an der Ruhr.

Im Januar 1869 starben innerhalb von 13 Tagen seine vier Kinder an einer Diphterieerkrankung. Jahre danach bekannte er: „Damals, als unsere vier Kinder starben, merkte ich, wie hart Gott gegen Menschen sein kann, und darüber bin ich barmherzig geworden gegen andere."

Im Januar 1872 übernahm Bodelschwingh die Leitung der 1867 von dem Bielefelder Pfarrer Simon gegründeten Rheinisch-Westfälischen Anstalt für Epileptiker bei Bielefeld.

Nur wenige Jahre dauerte es, dann entstand aus der kleinen Anstalt das Dorf, später die weltbekannte Stadt „Bethel". Aus ganz Deutschland und dem Ausland kamen die Epileptiker nach Bethel. Bodelschwingh errichtete Schulen und Handwerksbetriebe, in denen er diesen Menschen Verantwortung übertrug.

Friedrich von Bodelschwingh starb am 3. April 1910 in Bethel an den Folgen eines Schlaganfalls.

Werner Raupp

Leben in Bethel – heute

Wenn der Nächste hungert...

Willi hat Hunger. Der Kühlschrank ist leer. Das Portemonnaie auch. Wie immer um die Monatsmitte. Der Sozialhilfeempfänger steigt in die S-Bahn und macht sich auf den Weg. Dorthin, wo die Tafel wartet. Die Tafel, das sind Bruno und Günther, Annemarie und Otto – das sind 130 ehrenamtliche Helfer in Hamburg. Sie machen Menschen wie Willi satt. Täglich versorgt die Hamburger Tafel 89 Hilfseinrichtungen der Stadt mit Essen.

Jeden Donnerstag sind Bruno Bösche (61) und Günther Schmidtke (55) unterwegs, holen aus Supermärkten und Bäckereien, was diese nicht mehr verkaufen können: Brot und Kuchen vom Vortag, Milch und Joghurt kurz vor dem Verfallsdatum, Obst mit kleinen Schönheitsfehlern. Sieben Supermärkte und zwei Bäckereien schaffen die beiden Rentner in drei Stunden. Dann ist der Laderaum des von einem Autohändler gespendeten Kleintransporters voll.

Bäcker und Autohändler sind nur zwei der rund 400 Sponsoren, die der Tafel helfen, monatlich rund 80 Tonnen Lebensmittel im Stadtgebiet zu verteilen. „Wir machen das, weil wir damit Gutes tun", sagt Bruno. „Jeder gibt, was er kann", sagt Günther. Beide sind sich einig: „Ohne die Tafel geht es in Hamburg nicht mehr."

„Längst sind es nicht mehr nur Arbeitslose und Obdachlose, Aids-Kranke und Drogenabhängige, die zur Tafel kommen", sagt Tafel-Gründerin Annemarie Dose (75). „Auch immer mehr junge Menschen, Familien mit Kindern und alleinerziehende Mütter sind von unserer Hilfe abhängig."

Das Prinzip der Tafel ist einfach. Morgens werden die Lebensmittel von den Mitarbeitern eingesammelt, sortiert und anschließend an die sozialen Einrichtungen der Stadt verteilt. Rund 3,5 Tonnen Lebensmittel sind es täglich in Hamburg. Bundesweit bewegen die 440 Tafeln mehr als 200 Tonnen pro Tag. Soziale Einrichtungen wie Kirchenküchen, Tagesaufenthaltsstätten, Obdachloseneinrichtungen und Anlaufstellen für Suchtkranke geben die Lebensmittel schließlich an Bedürftige weiter. Die Männer und Frauen bekommen hier eine warme Mahlzeit und ein Stück Geborgenheit. „Die Bedürftigkeit hat erschreckend zugenommen", sagt Mitarbeiter Otto Kühl (65). „Das berührt mich schon, wenn einer ganz abgerutscht ist."

So wie Willi, der 51 Jahre alt ist und eigentlich Elektriker. Nur einen Job, den hat er nicht mehr. 30 Jahre war er angestellt, hatte eine Frau, einen Sohn. Es gab ihn, den roten Faden in seinem Leben. 2001 starb seine Frau - und plötzlich war der Faden entzwei. Erst kam die Arbeitslosigkeit, dann die Sozialhilfe und der Weg zur Tafel. „Diesen Weg", sagt Annemarie Dose, „werden künftig noch mehr Menschen einschlagen."

Hanna Kastendieck im Hamburger Abendblatt (17. Juli 2004)

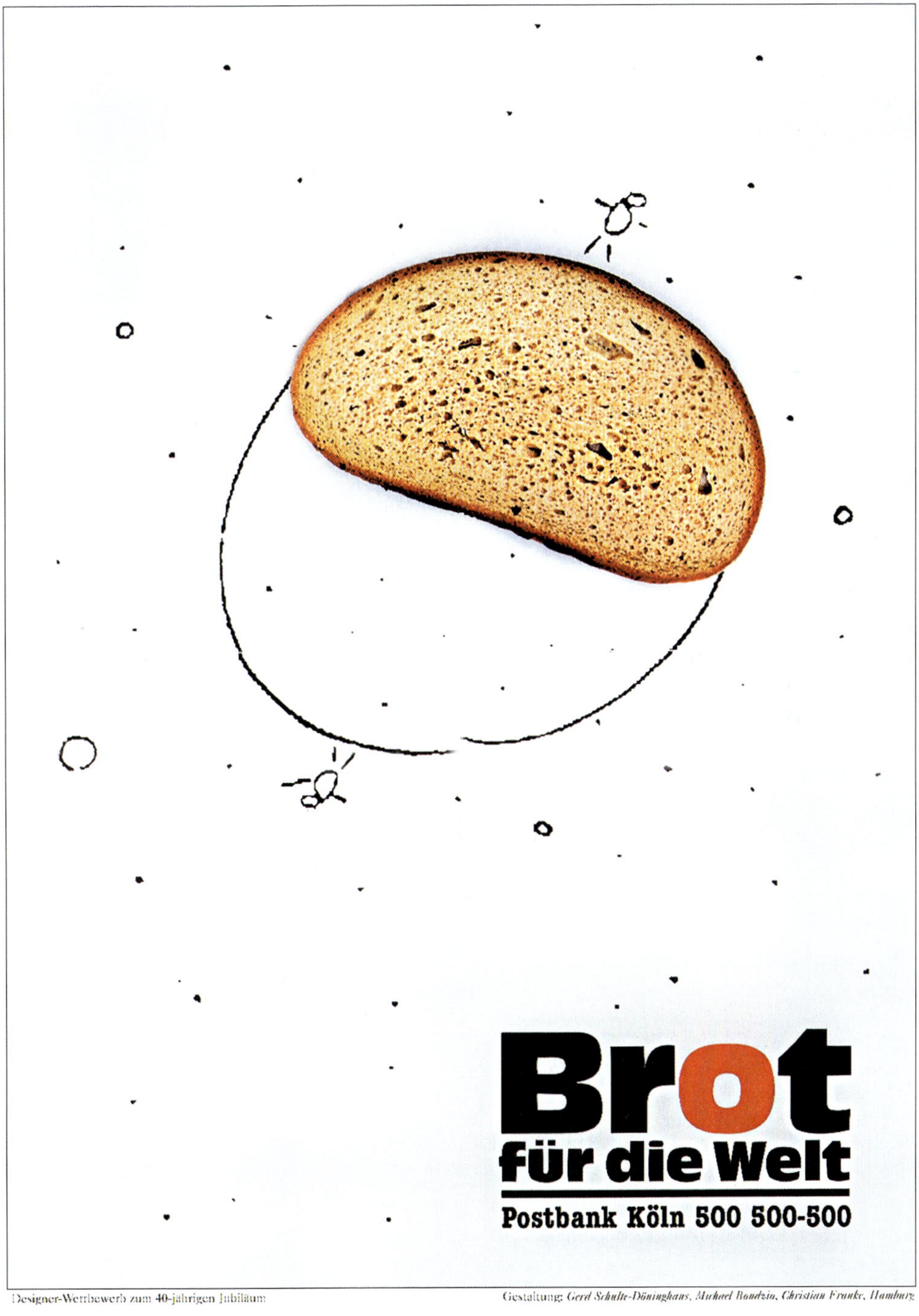

Designer-Wettbewerb zum 40-jährigen Jubiläum

Gestaltung: *Gerd Schulte-Döninghaus, Michael Bondzio, Christian Franke, Hamburg*

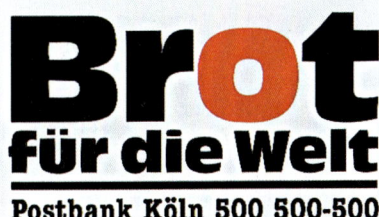

Unter die Räder gekommen

Generalvertreter Ellebracht begeht Fahrerflucht

Ich habe nicht auf die neue Breite geachtet, dachte Ellebracht. Nur deswegen ist es gekommen.
Jäh drückte der Fuß Ellebrachts die Bremse. Der Wagen kreischte und stand. Eine Handbreit vor dem Rotlicht, das vor dem Eisenbahnübergang warnte.
Mit hohem Heulen raste ein D-Zug vorbei. Ein paar zerrissene Lichtreflexe, ein Stuckern, ein verwehter Pfiff. Die Ampel klickte auf Grün um. Ellebracht ließ seinen Wagen nach vorn schießen. Im Getriebe knirschte es hässlich. Bei dem Geräusch bekam Ellebracht einen üblen Geschmack auf der Zunge. Hört sich an wie vorhin, dachte er.
Fahr langsamer, kommandierte Ellebracht sich selbst. Schließlich passiert ein neues Unglück in den nächsten Minuten. Jetzt, wo du bald bei Karin bist und den Kindern.
Karin und die Kinder. Ellebrachts Schläfen pochten. Er versuchte sich zu beruhigen: Du musstest weg von der Unfallstelle, gerade wegen Karin und der Kinder. Denn was wird, wenn du vor Gericht und ins Gefängnis musst? Die vier Glas Bier, die du während der Konferenz getrunken hast, hätten bei der Blutprobe für deine Schuld gezeugt, und dann? Verdammte Rotlichter! dachte Ellebracht weiter und brachte den Wagen zum Stehen. Ich will nach Hause. Ich kann erst ruhig durchatmen, wenn der Wagen in der Garage steht und ich bei der Familie bin.
Und wann ist der Mann mit dem Fahrrad bei seiner Familie? Der Mann, der mit ausgebreiteten Armen wie ein Kreuz am Straßenrand gelegen hat? Der Mann, der nur ein wenig den Kopf herumdrehte – du hast es im Rückspiegel deutlich gesehen – als du den bereits abgestoppten Wagen wieder anfahren ließest, weil dir die wahnsinnige Angst vor den Folgen dieses Unfalls im Nacken saß?
Jetzt werd bloß nicht sentimental! dachte Ellebracht. Jetzt werd bloß nicht dramatisch! Bist doch ein nüchterner Geschäftsmann! Ellebracht sah stur nach vorn und erschrak. Da war ein Kreuz. Ein Kreuz an seinem Wagen. So ein Kreuz, wie es der Mann vorhin gewesen war.
Ellebracht versuchte zu grinsen. Kriege dich bloß wieder ein, dachte er. Du siehst doch, was es ist. Das war mal das Firmenzeichen auf der Kühlerhaube. Es ist von dem Zusammenprall mit dem Fahrrad angeknickt worden und hat sich zu einem Kreuz verbogen.
Ellebracht konnte sich nicht helfen. Er musste immerfort auf dieses Kreuz starren. Ich steige aus, dachte er. Ich steige aus und biege das Ding wieder zurecht. Schon tastete seine Hand zum Türgriff, als er

Matthias Klemm, 1990

zusammenzuckte. Am Kreuz schillerte es, verstärkt durch das Licht der Signallampe.
„Ich muss nach Hause!", stöhnte Ellebracht und schwitzte noch mehr. „Wann kommt denn endlich Grün?"
Die feuchten Finger zuckten zum Hemdkragen, versuchten, den Knopf hinter der Krawatte zu lösen. Aber der Perlmutterknopf entglitt einige Male dem Zugriff.
Grün!
Der Schwitzende riss einfach den Hemdkragen auf und fuhr an.
Das Kreuz macht mich verrückt, dachte er. Ich kann das nicht mehr sehen! Und wie der Mann dalag. Ob man ihn jetzt schon gefunden hat? Ob er schon so kalt und starr ist wie das Kreuz vor mir?
Ellebracht stoppte. Diesmal war kein Rotlicht da. Nichts. Nur das Kreuz. Nur das Kreuz, das einen riesigen Schatten warf in den Wagen hinein. Nur das Kreuz, das vor dem Hintergrund des Scheinwerferlichtes stand.
„Ich kann so nicht nach Hause!", flüsterte der Schwitzende. „Ich kann so nicht zu Karin und den Kindern zurück! Ich kann so zu niemandem zurück!"
Ein anderer Wagen überholte Ellebracht. Eine grelle Hupe schmerzte. Ich kann das Kreuz nicht zurechtbiegen und dabei in das Blut greifen. Ich bringe das nicht fertig. Ich kann nicht eher zu irgendeinem zurück, bis ich bei dem Mann gewesen bin.
Ellebracht spürte, wie seine Hände trocken wurden und sich fest um das Lenkrad legten. Ohne Mühe wendete der Mann den schweren Wagen und jagte die Straße zurück.
Wieder die Signale, die Bahnübergänge, jetzt die Abbiegung, die Waldstraße. Ein paar Steine schepperten gegen die Kotflügel. Ellebracht verlangsamte die Fahrt und seine Augen durchdrangen mit den Scheinwerfern das Dunkel.
Da war der Haufen von verbogenem Blech und Stahl. Und da lag das menschliche Kreuz.
Als Ellebracht schon den Fuß auf der Erde hatte, sprang ihn wieder die Angst an. Aber dann schlug er die Tür hinter sich zu und lief. Jetzt kniete Ellebracht neben dem Verletzten und drehte ihn behutsam in das Scheinwerferlicht des Wagens.
Der blutende Mann schlug die Augen auf und griff zuerst wie abwehrend in das Gesicht Ellebrachts. Dann sagte der Verletzte: „Sie haben – angehalten. Dan – ke!"
„Ich habe nicht – ich – ich bin nur zurückgekommen", sagte Ellebracht.

Josef Reding

Lernen fürs Leben

Eine diakonische Einrichtung besuchen

Anderen Menschen helfen, wenn sie es brauchen, kann ich eigentlich jeden Tag. Diakonische Einrichtungen tun dies gezielt, organisiert und beruflich. Sie sind kirchliche Einrichtungen, die einer bestimmten Gruppe von Menschen Hilfe anbieten, z. B. Kranken, Drogenabhängigen, Obdachlosen, alten Menschen usw. Oft versteht man die Arbeit einer diakonischen Einrichtung viel besser, wenn man sie einmal besucht hat, z. B. mit der Lehrerin oder dem Lehrer im Religionsunterricht.

Vorbereitung
- Wir orientieren uns, welche diakonischen Einrichtungen es in unserm Ort/unserer Stadt gibt (z. B. im Telefonbuch unter „Kirchen").
- Wir überlegen, welche Einrichtung uns interessiert und welche wir besuchen wollen (Entfernung dorthin beachten!).
- Wir verabreden einen Termin mit einem Vertreter der Einrichtung.
- Wir versuchen, so viel wie möglich über die Einrichtung herauszufinden, und schreiben auf, was wir fragen wollen.

Vor Ort
- Wir stellen uns vor und erklären, warum wir gekommen sind.
- Wir stellen unsere Fragen und zeigen uns interessiert an einem Gespräch.
- Wir notieren stichwortartig Antworten.
- Wir erkunden die Räumlichkeiten, falls dies möglich ist.
- Wir fragen, ob wir Fotos machen dürfen.
- Wir verhalten uns wie Gäste, besonders allen Menschen, die die Einrichtung aufsuchen, gegenüber.

Nachbereitung
- Wir sammeln unsere Eindrücke (Stuhlkreis).
- Wir dokumentieren unsere Ergebnisse, z. B. auf einer Wandzeitung oder in einem Artikel für die Schülerzeitung (Fotos!).
- Wir schreiben auf, ob wir uns vorstellen könnten, in dieser Einrichtung zu arbeiten.
- Wir bedanken uns mit einer Karte bei den Menschen, die uns eingeladen haben.

Aufgaben – Impulse – Projektideen

■ 5 BILD: ▶▶Hände können sprechen. Probiert in Gruppen verschiedene Handhaltungen und Gesten aus. Lasst die anderen die Bedeutung eurer Gesten erraten. Spielt eine ganze Geschichte mit euren Händen. ▶▶Ordnet die Handhaltungen und Gesten: Welche deuten auf helfendes, liebevolles Handeln, welche auf zerstörerisches und gewaltsames?

■ 6 BILD: ▶Beschreibe für jemanden, der das Bild nicht sieht, welche Personen du siehst, wie sie zueinander stehen und wie Licht und Dunkel auf dem Bild verteilt sind. ▶Versetze dich in die Person am unteren Bildrand: Schreibe eine Denkblase für sie.

■ 7 NICHT MEINE SACHE: ▶Das ist das Gedicht eines 14-jährigen Jungen – schreibe es ein Stück weiter. ▶▶Vergleicht das Gedicht mit dem Bild auf S. 6: Beschreibt Gemeinsamkeiten und Unterschiede. ▶▶Diskutiert darüber, wie man sich bettelnden Obdachlosen, etwa in der Fußgängerzone, gegenüber verhält oder verhalten sollte.

■ 8 DER BARMHERZIGE SAMARITER: ▶Sieh im Kartenteil des Buches nach, wo die genannten Orte liegen. Informiere dich über die Landschaft dort. ▶Gliedere den Text und beschreibe seinen Aufbau. ▶Versetze dich in eine der Personen der Geschichte und schreibe die Geschichte neu aus ihrer Sicht (Ich-Perspektive).

■ 9 BILD: ▶▶Beschreibt euch gegenseitig das Bild von innen nach außen. ▶Vergleiche das Bild mit der Geschichte vom barmherzigen Samariter: Was ist anders? ▶Sage es in einem Satz: Was wird auf dem Bild betont?

■ 10 MANNIS SANDALEN: ▶Beschreibe die Beziehung zwischen Manni und den Kindern. Was funktioniert (nicht)? ▶▶Eines der Kinder kommt zum Abendbrot nach Hause und erzählt, was es erlebt hat. Spielt die Szene, wie die Familie sich dazu verhält. ▶Versetze dich in das Mädchen, das als Einziges nicht mitmacht, als die Kinder auf Mannis Sandalen herumtrampeln. Schreibe die Gedanken dieses Mädchens dazu auf.

■ 11 BILD: ▶▶Stellt das Bild in Vierergruppen nach (Standbild). Schreibt auf, was die Person, auf die die drei anderen schauen, wohl denkt und fühlt. ▶Volker Rodermund, ein Bewohner von Bethel, hat dieses Bild aufgrund eigener Erfahrungen mit epileptischen Anfällen gemalt. Informiere dich (Internet!) über diese Krankheit und kommentiere das Bild mit einem Sachtext. ▶Gebt dem Bild einen Titel.

■ 12 VON BODELSCHWINGH: ▶Arbeite die Wendepunkte in Bodelschwinghs Leben heraus und überlege, welche Bedeutung sie für seine spätere Arbeit in Bethel gehabt haben können. ▶Erkläre den Namen „Bethel"; lies dazu in der Bibel 1 Mose 28,10–22. ▶Projekt oder Referat: Wer war Johann Hinrich Wichern?

■ 13 LEBEN IN BETHEL: ▶▶In Gruppen: Beschreibt die Fotos und benennt, um welches Arbeitsfeld der Diakonie es sich jeweils handelt. ▶▶Entwerft nach eigener Recherche ein Info-Blatt über Bethel.

■ 14 ARMENSPEISUNG: ▶Zeichne ein Schaubild, das zeigt, wie die Hamburger Tafel funktioniert. ▶Schlüpfe in Willis Haut; notiere seine (= deine) Gedanken auf seinem Weg von der S-Bahn zur Hamburger Tafel.

■ 15 PLAKAT: ▶Beschreibe das Plakat. Was bedeutet die Scheibe Brot? ▶▶Zu zweit: Der eine beschreibt den Tag eines „reichen" Kindes, die andere den eines „armen". Überlegt, was beides miteinander zu tun hat. ▶▶Informiert euch über „Brot für die Welt"; berichtet darüber in der Klasse.

■ 16 ELLEBRACHT: ▶„Gott sei Dank!" – begründe diesen Kommentar einer Leserin aus Sicht des Verletzten/aus Sicht Ellebrachts. ▶▶Zu zweit: Ellebracht erzählt seiner Tochter, was geschehen ist. Entwerft und sprecht den Dialog. ▶Vergleiche Ellebracht mit dem Leviten und dem Pharisäer in der Geschichte vom barmherzigen Samariter.

■ 17 BILD: ▶Suche Christus auf dem Bild; beschreibe seine Position und seine „Rolle". ▶Ein „barmherziger Samariter" fehlt auf dem Bild – kommt er noch? Zeichne eine Folgeszene.

Entdeckt, verstanden, gestaltet

Nächstenliebe: Für andere da sein

Ich weiß,	■ dass Hände sprechen können, sowohl drohend und gewaltsam als auch helfend und liebevoll.
Ich habe	■ mich mit der Situation und den Gefühlen von Menschen beschäftigt, die am Rande unserer Gesellschaft leben.
Ich weiß,	■ dass das Kreuz Jesu bedeutet, dass er bei denen ist, die Not leiden und Opfer sind.
Ich habe erfahren,	■ dass es Menschen gibt, die sich in verschiedensten Formen Menschen zuwenden, die Hilfe brauchen.
Ich kann	■ das Gleichnis vom barmherzigen Samariter (Lk 10) nacherzählen und das Doppelgebot der Liebe darin aufsagen.
Ich kenne	■ den Aufbau der Geschichte, die Örtlichkeiten und Hintergründe des Gleichnisses zur Zeit Jesu sowie die zentrale Aussage, dass Nächstenliebe ausgeht von der Frage, wer meine Hilfe braucht.
Ich weiß,	■ dass Nächstenliebe im Zentrum der Botschaft Jesu stand und auch heutiges diakonisches Helfen begründet.
Ich kann	■ den Lebenslauf von Friedrich von Bodelschwingh wiedergeben und erklären, inwiefern er der „Vater" von Bethel war.
Ich kann	■ die wesentlichen Arbeitsgebiete von Bethel heute benennen und beschreiben.
Ich kann	■ die Arbeitsweise der Mitarbeiter von „Tafeln" in Deutschland beschreiben und erklären, warum sie so wichtig sind.
Ich weiß,	■ dass diakonisches Handeln auch weltweit geboten ist, damit sich ungerechte Strukturen nicht weiter verschärfen.
Ich kann	■ die Begriffe „Diakonie" und „Caritas" übersetzen und erläutern, welche Motive die kirchlichen Hilfsorganisationen „Diakonisches Werk", „Brot für die Welt" und „Caritas" bei ihrer Arbeit leiten.

Mehr als alles – Sehnsucht und Sucht

René Magritte, 1961

Träume und Sehnsüchte

Und vergiss nicht zu träumen

dir eine Welt vorzustellen,
in der die Liebe mehr Platz hat,
in der die Hoffnung nicht aufhört
und der Friede die ganz tiefe Sehnsucht
aller Menschen ist.

Dass du träumen kannst,
ist eine Gabe.
Deine Energie wartet darauf,
vor deine Träume gespannt zu werden.
Setz dich ein für das,
was du glaubst.

So wie du deine Nachtträume bist,
so bist du auch deine Wachträume.
Niemand träumt wie du.
Und niemand verwirklicht deine Träume
so wie du.

Ulrich Schaffer

Sehnsucht nach dem Anderswo

Drinnen duften die Äpfel im Spind,
Prasselt der Kessel im Feuer.
Doch draußen pfeift Vagabundenwind
Und singt das Abenteuer!

Der Sehnsucht nach dem Anderswo
Kannst du wohl nie entrinnen:
Nach drinnen, wenn du draußen bist,
Nach draußen, bist du drinnen.

Mascha Kaleko

Wie wohl die Luft woanders schmeckt?

Als ich das erste Mal verreiste, war ich fünf Jahre alt. Ich kann mich selbst nicht mehr daran erinnern, aber meine Mutter hat mir erzählt, dass der Auslöser ein kleiner schwarzer Pappkoffer war, den mein Uropa mir geschenkt hatte: für den Fall, dass ich mal verreisen würde. Natürlich wollte ich sofort verreisen. Was außer mir alle überraschte, denn ich war eigentlich ein ängstliches Kind, eines, das sich nicht auf die hohe Rutsche traute und mit Unbekannten nicht sprach. Aber nun, stolze Besitzerin eines Koffers, wollte ich sofort verreisen. Und zwar allein! Wohin, sei egal gewesen, erinnert sich meine Mutter, aber ich bestand darauf, allein wegzufahren, ich, ein schüchternes, ängstliches Kind von fünf Jahren! Nach einigem Hin und Her setzte man mich schließlich in einen Bus zur zwölf Kilometer entfernten Kreisstadt, wo mich meine Oma in Empfang nahm. Auch wenn ich mich an die Geschichte mit dem Koffer nicht mehr erinnere: Das Gefühl von Freiheit und Ernsthaftigkeit, das sich einstellte, als sich die Türen des Busses schlossen und meine winkenden Eltern hinter der Kurve verschwanden, gehört zu den lebendigsten Erinnerungen aus meiner Kindheit. Es kommt immer wieder, wenn ich mich auf eine Reise mache – oder anders gesagt: Wenn ich dieses Gefühl habe, merke ich, dass ich auf der Reise bin. Was mich treibt, ist die Sehnsucht nach Veränderung, aber diese Sehnsucht lebt, erstaunlicherweise, aus der Erinnerung. Irgendwann kam der Moment, als das diffuse Glücksgefühl, das ich als fünfjähriges Mädchen hatte, wieder abklang – nach der Ankunft bei der Oma vielleicht, oder auch erst ein paar Wochen später, als die gewonnene Selbstständigkeit langsam zur Normalität geworden war. Das Gefühl von echtem, authentischem Leben geht unweigerlich vorbei: nicht plötzlich, wie es gekommen war, sondern schleichend. Irgendwann, nach wenigen Augenblicken oder auch erst nach Monaten, stellt man fest, dass etwas fehlt – und dass man sich danach sehnt. Sehnsucht ist die Wahrnehmung von Mangel. Wer noch nie einen Aufbruch erlebt hat, kann keine Sehnsucht spüren. Am Anfang muss wohl jemand sein, der dir einen Koffer schenkt, der dich in den Bus setzt. Erst mit der Zeit wird eine Sucht draus – du hast etwas erlebt und willst es wiederhaben!

Antje Schrupp

Sehnsucht nach Mehr

Fridbert Schwartz

Alle Welt trägt einen Wunsch mit sich, viele Wünsche, eine Unendlichkeit von Wünschen: noch ein Gläschen, noch ein Stück Kuchen, noch ein Blick, noch ein Wort, noch ein Kuss, noch ein Buch, noch eine Reise. Mehr und immer mehr.
Alle Gesichter verwundet von der Unruhe und Wünschen. Der Mensch denkt immer, mit ein wenig mehr hätte er schon genug, aber immer wünscht er dann doch noch mehr und mehr. Er sucht immer neue Dinge mit immer gleicher Sucht. Und so, wie wir uns von der Tiefe eines Brunnens überzeugen, wenn wir einen Stein hineinwerfen und seinen Aufprall nicht mehr hören, so können wir uns von der Tiefe unserer Seele überzeugen, wenn die Dinge in sie hineinfallen und einfach verschwinden, ohne dass ein Echo nachklingt, ohne dass wir sie fallen hören.
Ernesto Cardenal

Pablo Picasso, 1964

Suche nach Mehr

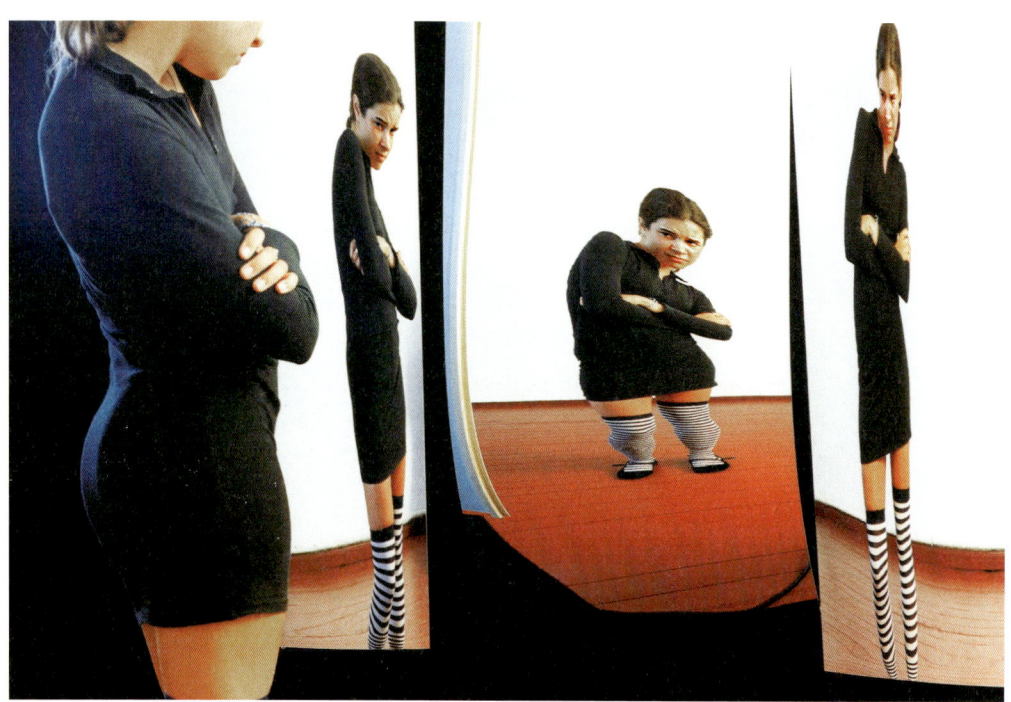

Bericht einer 20-jährigen Patientin

Ich wurde als zweites von drei Kindern geboren. Mein Vater ist Arzt, meine Mutter Hausfrau. Zu meinem Vater, der abends immer erst spät aus der Klinik kam, hatte ich kein intensives, aber ein recht gutes Verhältnis, z.B. beim Wandern im Urlaub. Meine Mutter war immer lieb und nett zu mir, ich weiß nicht, warum ich mich dennoch nicht wirklich von ihr angenommen fühlte. Ich war ein ziemlich aufsässiges, freches Kind und genoss es, auch in der Schule, mit meiner Freundin albern zu sein. Meine Eltern ließen mir relativ viel Freiheit dazu. Mit 15 fing ich an, regelmäßig abends und an den Wochenenden wegzugehen. Ich fing an, die Leute, die anders als ich, so offen und gefühlsbetont, waren, zu beneiden. Ich fühlte mich im Vergleich dazu verklemmt und verschlossen, habe meine Eltern dafür verantwortlich gemacht. Kurz nach meinem 16. Geburtstag las ich in Frauenzeitschriften Artikel über gesunde Ernährung und deren Auswirkung auf die Schönheit. Ich wog damals 62 kg bei einer Größe von 172 cm und fühlte mich ein wenig zu dick. Also entschloss ich mich, mich gesünder zu ernähren und abzunehmen. Ich aß weniger Süßes und weniger Fett, las immer mehr über Gesundheit und wurde immer strenger mit mir. Das Abnehmen war relativ leicht, was mich weiter anspornte. Nach zwei Monaten wog ich 55 kg, später 49 kg, hatte dabei furchtbare Angst, wieder zuzunehmen. Meine Eltern machten sich Sorgen, weil ich „so klapprig" aussah. Für mich galt, je leichter, desto schöner. Irgendwann hab ich dann doch mehr gegessen, aß plötzlich auch alle verbotenen Lebensmittel. Ich bekam Panik, ein Wechsel aus Hungerphasen und Fressphasen begann. In meiner Panik begann ich, mich zu erbrechen, und ich nahm Abführmittel ein. Ich musste mich dann bis zu fünf Mal am Tag übergeben, fühlte mich anschließend etwas besser. Die Ausbildung, die ich nach dem Abi, das ich gerade noch geschafft habe, begonnen hatte, musste ich abbrechen. Ich komme aus dem Teufelskreis nicht heraus. Durch das ständige Hungern und Fressen nehme ich in letzter Zeit immer stärker zu und kann dies nicht mehr aushalten (z.Z. 65 kg). Ich glaube, meine Selbstzweifel und Minderwertigkeitskomplexe sind an allem schuld, meine körperlichen und seelischen Beschwerden sind eng verknüpft. Ich weiß nicht, wie ich es schaffen soll, wieder ein geregeltes Essverhalten zu bekommen. Hunger und Sättigung spüre ich nicht mehr. Ich bin zu Hause ausgezogen, habe eine eigene Wohnung. Den Kontakt zu meinen Freunden habe ich verloren, weil ich praktisch nur noch mit dem Essen, Einkaufen, Fressen und Erbrechen beschäftigt bin. Alleine komme ich da nicht mehr heraus.

Suche nach Sinn

Jürgen Schäfer, 1981

Das halbe Brot

Als der überall beliebte Landarzt Doktor Breitenbach gestorben war, gingen seine drei Söhne an das traurige Geschäft, den Nachlass zu ordnen und das Erbe ihres Vaters unter sich zu verteilen. Da war ein hoher Glasschrank mit vergoldeten Pfosten und geschliffenen Scheiben. In diesem Schrank hatte der alte Arzt schon zu Lebzeiten kleine Kostbarkeiten und seltsame Erinnerungsstücke aufbewahrt. Behutsam nahmen die Brüder zierliche Schnitzereien, hauchdünne chinesische Teetassen und ein römisches Öllämpchen heraus. Plötzlich aber stutzten sie: Im untersten Fach hatte einer von ihnen ein merkwürdiges Paket entdeckt. Was war wohl darin? Die Brüder traten herzu, sie wickelten das Paket aus, traten unter die Lampe – wie groß war ihr Erstaunen, als sie nichts anderes in Händen hielten als ein altes, vertrocknetes Stück Brot! Ratlos sahen sie einander an. Warum hatte wohl der Vater diesen alten, halben Brotlaib so sorgfältig in seinem schönen Glasschrank aufbewahrt?

Sie fragten des Vaters treue Haushälterin. Und die brauchte sich nicht lange zu besinnen. Mit Tränen in den Augen erzählte sie:

Es war in den Hungerjahren nach dem Weltkrieg gewesen; da hatte der alte Herr einmal schwer krank darniedergelegen. Er hatte eigentlich keine richtige Krankheit gehabt, sondern er war total erschöpft zusammengebrochen, sodass die Ärzte bedenklich die Stirn runzelten und etwas von Ruhe und vor allem von kräftiger, stärkender Kost murmelten. Aber woher sie nehmen? Da hatte ganz unerwartet ein Bekannter einen halben Brotlaib gebracht mit dem Wunsch, der Herr Doktor möge ihn sich schmecken lassen und bald wieder zu Kräften kommen, es sei gutes, schwarzes Schrotbrot, das er von einem Besatzungssoldaten für eine Gefälligkeit bekommen habe.

Zu der gleichen Zeit aber hatte im Nachbarhaus die kleine Tochter des Lehrers gelegen und der Herr Doktor hatte zu seiner Haushälterin gesagt: „Geh, bring das Brot hinüber; das Kind dort braucht's nötiger als ich!" Wie sich aber später herausstellte, hatten auch die Lehrersleute das Brot nicht behalten, sondern der alten Flüchtlingsfrau eine Freude damit machen wollen, die in ihrem Dachstübchen ein Notquartier gefunden hatte. Aber auch damit war die seltsame Reise des Brotes noch nicht zu Ende: Die Alte mochte ebenfalls nicht davon essen, sondern trug es eilig zu ihrer Tochter, die nicht weit von ihr mit ihren zwei Kindern in einer kümmerlichen Kellerwohnung Zuflucht gefunden hatte. Und diese schließlich dachte an den guten Herrn Doktor, der erst kürzlich ihren Buben so freundlich behandelt hatte, noch dazu, ohne sich bezahlen zu lassen; sie hatte nämlich gehört, dass dieser gute Mann jetzt selbst krank und schwach daheim liege. So nahm sie das halbe Brot unter den Arm und ging damit schnurstracks zum Doktorhaus. „Wir haben das Brot sofort wiedererkannt", schloss die alte Haushälterin ihre Erzählung, „an dem Einwickelpapier, in dem es immer noch steckte." Als der alte Doktor aber sein eigenes Brot wieder in Händen hielt, hatte er tief bewegt zu seiner Haushälterin gesagt: „Solange noch solche Liebe unter uns ist, die ihr letztes Stück Brot teilt, so lange habe ich keine Furcht um uns alle. Wir wollen den Laib gut aufheben, und wenn wir einmal kleinmütig werden, dann müssen wir ihn nur anschauen: Dieses Brot hat viele Menschen satt gemacht, ohne dass ein einziger davon gegessen hat!"

Günther Schulze-Wegener

Zur Mitte finden

Das Quadrat
          die Kreise
    der Kreis
        das Rad
die Strahlen
        der Punkt:
    alles auf den Punkt bringen –
          Mitte finden

Von außen nach innen
      die Suche beginnen
wagen zu träumen
         Visionen haben
  Utopien suchen
        aufzubrechen das Verkrustete
vorzudringen in die Tiefe
     zu finden den Kern
       um dort zu verweilen
Hoffnung zu schöpfen
          beflügelt werden
    zu neuem Tun

Leer werden
       Leer werden und stille
   den Atem anhalten
         der Unendlichkeit lauschen
sich füllen lassen
      mit dem Hauch
  der von Gott kommt

Klaus Gouders

Psalm 63

Gott, du bist mein Gott, den ich suche.
Es dürstet meine Seele nach dir,
mein ganzer Mensch verlangt nach dir
aus trockenem, dürrem Land,
wo kein Wasser ist.

So schaue ich aus nach dir
in deinem Heiligtum,
wollte gerne sehen deine Macht und Herrlichkeit.
Denn deine Güte ist besser als Leben;
meine Lippen preisen dich.

So will ich dich loben mein Leben lang
und meine Hände in deinem Namen aufheben.
Das ist meines Herzens Freude und Wonne,
wenn ich dich mit fröhlichem Munde loben kann;
wenn ich mich zu Bette lege, so denke ich an dich,
wenn ich wach liege, sinne ich über dich nach.

Denn du bist mein Helfer,
und unter dem Schatten deiner Flügel frohlocke ich.
Meine Seele hängt an dir;
deine rechte Hand hält mich.

Horst Antes, 1979

Seht selbst, es gibt ihn, den Himmel auf Erden

Einer fällt hin
und steht wieder auf.
Eine ist allein
und findet wieder neue Freunde.
Eine ist blind
und kann doch sehen.

Einer fürchtet sich
und verliert doch seine Angst.
Eine ist krank
und kann doch leben.
Einer weint
und kann wieder lachen.

Markus Fürst

Aufrichten

Wisst ihr, wie das ist, wenn man sich nicht aufrichten kann? Versucht einmal, es nachzuempfinden. Beugt euren Oberkörper, so als wolltet ihr etwas vom Boden aufheben. Und dann, kurz bevor ihr den Boden mit den Händen berührt, bleibt so und nehmt wahr, was ihr sehen könnt. Ihr merkt: Euer Gesichtsfeld ist stark eingeschränkt. Ihr könnt nicht mehr aufsehen. Von den Leuten um euch herum seht ihr nur noch Füße und Beine, große Füße und kleine, dicke Beine und dünne, krumme und gerade. Aber keine Gesichter. Ihr könnt niemandem in die Augen schauen, ihr könnt keine Mimik und Gestik wahrnehmen. Ihr hört Menschen reden, aber seht sie nicht. Eure Wahrnehmung ist eingeschränkt.

Gekrümmt sein, nicht aufrecht gehen können, kein gerades Rückgrat haben, nicht aufsehen können, nur noch nach unten, in den Dreck schauen können – so habe ich gelebt, habe ich leben müssen, 18 Jahre lang.

Ich habe mich nie so richtig damit abfinden können. Und deshalb bin ich auch hin zu Jesus, als er zu uns ins Dorf kam. Ich hatte von ihm gehört, davon, dass er sich besonders den Schwachen und Elenden zuwendet. Und so bin ich hin in die Synagoge an jenem Sabbat; zu verlieren hatte ich nichts mehr. Als kranke Frau war ich eh nichts wert. Ich bin den Geräuschen nachgegangen und habe mich ganz hinten in eine Ecke gestellt. Ich habe Jesus reden hören und viele Füße und Beine um mich herum gesehen. Und auf einmal, ich weiß auch nicht wieso, hat Jesus mich gerufen. Er hat mich, die ich ihn nicht sehen konnte, gesehen. Er hat mich angesehen, so haben es die anderen hinterher erzählt. Und hat mich zu sich gerufen und dann geschah das Wunder: Jesus sprach mich an und richtete mich auf. Ja, wirklich, ich konnte mich aufrichten, konnte zu ihm aufsehen, ihm in die Augen sehen. Und ich konnte all die anderen Gesichter drumherum sehen, manche erstaunt, manche froh, manche verärgert, weil er mich verkrümmte Frau am Sabbat geheilt hat.

Ja, Jesu Tun hat Aufsehen erregt bei allen, die in der Synagoge waren. Jesus hat mich angesehen, hat mich wahrgenommen, so wie ich war, mit meiner Behinderung. Er hat mich nicht übersehen, so wie das bis dahin immer passierte. Er hat sich mir zugewandt und hat mich dadurch aufgerichtet, an Leib und Seele. Ich kann jetzt andere ansehen, kann mich ihnen zuwenden. Vielleicht gelingt es mir hin und wieder, sie durch meine Zuwendung aufsehen zu lassen.

Bärbel Nagel

Tätig werden

Sieben Wochen ohne?

Sieben Wochen auf eine lieb gewordene Gewohnheit verzichten ist wie Frühjahrsputz für Leib und Seele. Vielleicht denken Sie zunächst mit Grauen daran, schließlich überwinden Sie es und packen es an. Im Laufe der Zeit tut es gut zu sehen, wie sich die Dinge verändern, und hinterher sind Sie glücklich, es getan zu haben. Verzichten macht freier im Kopf, leichter im Körper und reicher in der Seele. Das sind Erfahrungen von tausenden von Teilnehmerinnen und Teilnehmern. Den richtigen Verzicht zu finden ist nicht einfach. Es muss Überwindung kosten, ein bisschen wehtun. Nur so erfährt jeder und jede etwas von sich selbst, hat intensiven Kontakt zu den eigenen Bedürfnissen, erfährt, wo es im Alltag klemmt, wo Abhängigkeiten bestehen, wo Veränderungen nötig sind, wo der eigene Standpunkt überdacht werden sollte. Fasten und Verzichten können so zum Schlüssel für das weitere Leben werden.

Und machen Sie sich keine Sorgen, wenn es zunächst einmal nur um Sie selbst geht: Nur wer festen Grund unter den Füßen spürt, kann anderen die Hand reichen. Und zu sich selbst kommen, ruhig werden, ist seit alters her der Weg, Gott im eigenen Leben zu erfahren.

Das Wurzelprojekt!!!

In unserer Schule soll es in diesem Jahr vor Ostern ein Projekt im Rahmen der Aktion

„7 Wochen ohne" geben.

Wir machen mit; wir bilden ein Fastengruppe.

Dahinter steckt die Idee, dass es für den Einzelnen gar nicht so einfach ist, seine Vorsätze durchzuhalten. Gemeinsam geht das besser. Worauf wir verzichten werden, das steht noch nicht fest, darüber wollen wir gemeinsam diskutieren. Es sollte aber etwas sein, das an die Wurzeln geht. Und noch etwas: Die Fastengruppe ist offen für alle, die teilnehmen wollen.

Lernen fürs Leben

Auf eine Fantasiereise gehen

Im Religionsunterricht – und nicht nur da – ist es wichtig, die eigene Vorstellung und Fantasie mit ins Spiel zu bringen und in sich selbst hineinzuhorchen. Wenn ich mich auf eine Fantasiereise einlasse, kann ich den Raum, in dem ich mich gerade befinde, verlassen und in eine andere Wirklichkeit eintauchen.

Für „Reisende"

- In der *Einleitung* ist Entspannung sehr wichtig: Dazu setze ich mich bequem hin, lenke die Aufmerksamkeit auf mich selbst, schließe die Augen und atme gleichmäßig.
- Ich konzentriere mich auf die Stimme, die mich *auf meiner Reise* nach innen anleitet.
- Ich lasse die Bilder, die in meinem Kopf zu dem gesprochenen Text entstehen, zu, bin ganz bei mir selbst und in der Geschichte.
- Ich höre auf die Geräusche, die die Stimme untermalen.
- Ich versuche, meine Gedanken zu sammeln.
- Wenn die Reise *zu Ende* geht, lasse ich mich in das „Hier und Jetzt" zurückholen:
- Ich bewege nacheinander Finger, Arme, Beine und merke, dass meine Körperspannung zurückkommt – ich bin wieder ganz wach.
- Anschließend habe ich die Möglichkeit, von meinen Erlebnissen zu erzählen oder sie in einem Text oder Bild auszudrücken.

Für „Reiseleiter"

- In der *Vorbereitung* achte ich darauf, dass ich im Präsens formuliere und kurze Hauptsätze wähle.
- Ich unterteile die Fantasiereise in drei Schritte: die Einleitung, in der die entspannte Atmosphäre geschaffen wird, den Hauptteil, der die eigentliche Reise enthält, und die Rückholphase.
- Ich übe die Fantasiereise vorher und überprüfe, ob ich langsam spreche und an passenden Stellen Pausen einbaue.
- Bei der *Durchführung* im Klassenraum achte ich darauf, dass meine Mitschüler ruhig werden.
- Ich spreche langsam und achte auf die Pausen.
- Vor der *Rückholphase* warte ich einige Minuten, damit die „Reisenden" ihre Gedanken sammeln können.
- Die Fantasiereise ist abgeschlossen, wenn alle wieder im Klassenraum angekommen sind.

Aufgaben – Impulse – Projektideen

- 23 Bild: ▸Deute die Farben des Bildes, deute die Vorhänge. ▸Begib dich auf eine Fantasiereise durch die mittlere Vorhangöffnung und schildere deine Eindrücke.

- 24 Vergiss nicht zu träumen: ▸Beschreibe die Kraft, die der Verfasser des Gedichts den Träumen zubilligt. ▸▸Sammelt Beispiele für Nachtträume und für Tagträume. Was unterscheidet sie?

- 24 Sehnsucht: ▸Konzentriere dich auf die erste Strophe: Mit welchen Bildern arbeitet die Autorin? Welche Gedanken kommen dir in den Sinn? ▸Untersuche den Titel und die letzten beiden Verse des Gedichts: Was kommt darin zum Ausdruck? ▸▸Erzählt einander Beispiele zum Thema des Gedichts.

- 25 Die Luft woanders: ▸▸Diskutiert, was in dieser Geschichte „Sehnsucht" bedeutet.

- 26 Bild: ▸Deute die Armhaltung. ▸▸Zu zweit: Zeichnet Denkblasen; schreibt die Gedanken des Menschen hinein, dem der Arm gehört. ▸Gestalte, wonach die Hand ausgestreckt sein könnte.

- 26 Wunsch – Wünsche: ▸Beschreibe den Zusammenhang von „Suche" und „Sucht". ▸▸Zu zweit: Bereitet euch darauf vor, der Klasse das Bild vom Stein und dem Brunnen/von den Dingen und der Seele zu erklären; findet einen Zusammenhang zu dem Bild.

- 27 Bild: ▸Beschreibe, was dir an dem Bild besonders auffällt. ▸Beschreibe Kopfhaltung, Farbgestaltung und den Eindruck, den beides vermittelt. ▸▸Erfindet zu zweit einen Werbeslogan, der zu dem Bild passt.

- 28 Bild: ▸Beschreibe das Lebensgefühl, das auf dem Bild zum Ausdruck kommt. ▸▸Überlegt Fragen an den Spiegel.

- 29 Bericht einer Patientin: ▸Schreibe das Protokoll dieser Krankengeschichte. ▸▸Erstellt einen Fragebogen, der folgende Aspekte umfasst: Essgewohnheiten, Erfahrungen mit Diät(en), Vorbilder, was den Körper angeht; worauf man als Erstes schaut, wenn man jemanden trifft. Befragt möglichst Jungen *und* Mädchen.

■ 30 BILD: ▶▶ „Die sehen alle aus, als ob sie warten. Als ob ihnen etwas fehlt ..." – Diskutiert diesen Kommentar eines Betrachters; einigt euch auf einen eigenen Kommentar zum Bild.

■ 31 DAS HALBE BROT: ▶ „Das Brot beschreibt seine Reise ..." – Schreibe weiter. ▶ Die Menschen, die das Brot besessen haben, sagen: „Dieses Brot war für mich wie ..." – Fahre fort.

■ 32 MITTE: ▶▶ Geht mit Text und Bild auf Fantasiereise: Eine(r) liest langsam vor, die anderen hören zu und betrachten dabei die Gestaltung der Seite. Tauscht euch über Beobachtungen und Entdeckungen aus, die ihr gemacht habt. ▶ Schreibe den Text ab und setze eigene Schwerpunkte (markieren). Vergleiche sie mit der Version im Buch.

■ 33 PSALM: ▶ Der Beter und sein Gott: Beschreibe das Verhältnis. ▶▶ Zu zweit: Gestaltet ein „Stimmungsbild" zu dem Psalm – visuell, akustisch oder pantomimisch.

■ 34 BILD: ▶ Erzähle eine Geschichte zu der dargestellten Szene.

■ 34 HIMMEL AUF ERDEN: ▶▶ Zu zweit: Schreibt den Text ein Stück weiter. Lest anschließend alle Beispiele laut in der Klasse. Bringt es auf einen Nenner: Was ist „Himmel auf Erden"?

■ 35 AUFRICHTEN: ▶▶ Gestaltet die Geschichte von der „Heilung der verkrümmten Frau" (Lukas 13,10–17) als Pantomime. ▶ Erzähle die Geschichte aus der Sicht des Vorstehers der Synagoge.

■ 36 TÄTIG WERDEN: ▶▶ Sammelt an der Tafel: Worauf könnte man eine Zeitlang verzichten? Besprecht: Welchen Sinn hätte das? ▶ Erkläre den Namen „Wurzelprojekt" bzw. das Symbol „Wurzel".

Projekt

■ Eine Suchtberatungsstelle besuchen: Verabredet euch mit einem Berater. Bereitet das Gespräch gut vor (Beachtet dazu S. 19!).

Entdeckt, verstanden, gestaltet

Mehr als alles – Motive, Gefahren und Chancen

Ich kann	■ über menschliche Träume und deren Bedeutung sprechen.
Ich kenne	■ den Zusammenhang zwischen Träumen und Sehnsüchten.
Ich kenne	■ unterschiedliche Formen von Sehnsucht
und kann	■ die Bedeutung des Begriffes „Sehnsucht" erklären.
Ich kenne	■ den Zusammenhang zwischen Sucht und Sehnsucht.
Ich weiß,	■ dass Medien und Werbung Sehnsüchte vermitteln und dass Menschen sich in ihnen verlieren können.
Ich kann	■ eine Form der Sucht darstellen und Hilfsangebote formulieren.
Ich kann	■ anhand der Geschichte „Das halbe Brot" die symbolische Bedeutung von „Brot" erläutern.
Ich kenne	■ neutestamentliche Geschichten, in denen Jesus von sich selbst als „Brot des Lebens" spricht.
Ich weiß,	■ wie ich mich auf meine eigene Mitte konzentrieren kann.
Ich kenne	■ Projekte der Kirche, die ein bewussteres Umgehen mit Gewohnheiten und Konsum zum Ziel haben.
Ich kann	■ an einem Beispiel den Umgang Jesu mit Hilfesuchenden darstellen.
Ich kann	■ eine Verbindung zwischen der Suche nach Lebenssinn und dem Einsatz für andere Menschen herstellen.

Gottessymbol Hand

Arnold Schönberg, 1910

Was Hände erzählen

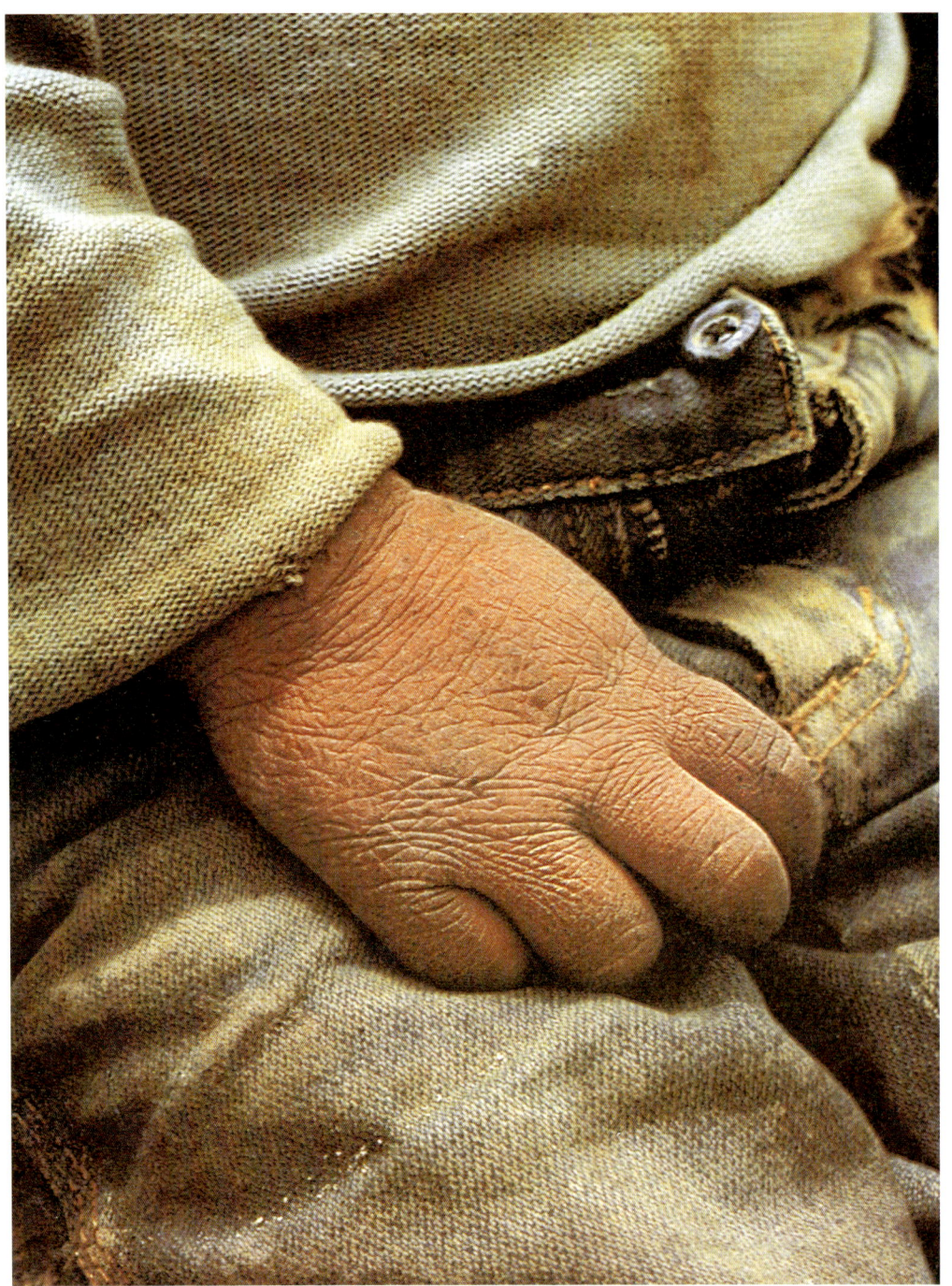

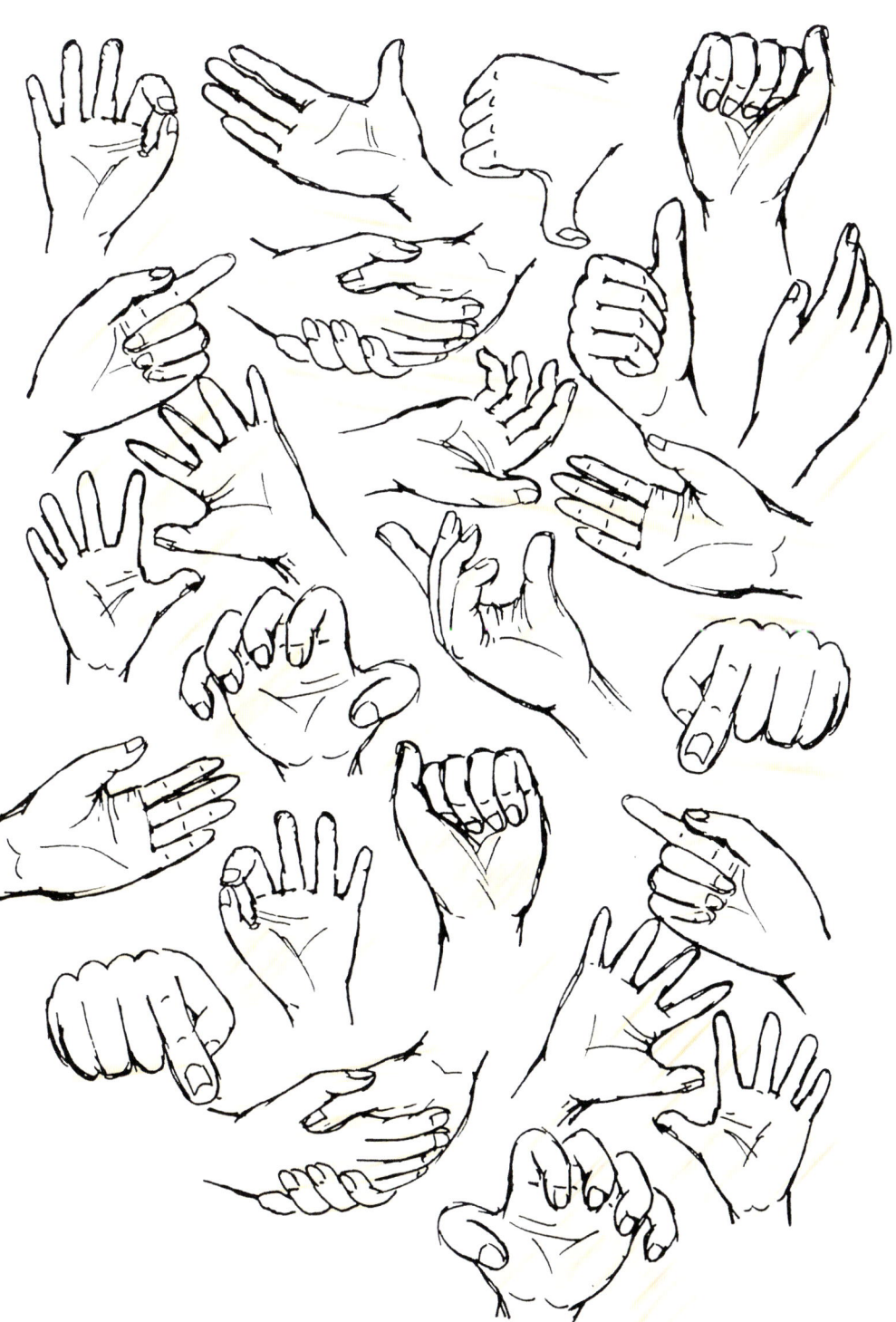

Erfahrungen

Ein Psalm Davids, vorzusingen.

Herr, du erforschest mich und kennest mich.
Ich sitze oder stehe auf, so weißt du es;
du verstehst meine Gedanken von ferne.

Ich gehe oder liege, so bist du um mich / und siehst alle meine Wege.
Denn siehe, es ist kein Wort auf meiner Zunge,
das du, Herr, nicht schon wüsstest.

Von allen Seiten umgibst du mich / und hältst deine Hand über mir.
Diese Erkenntnis ist mir zu wunderbar
und zu hoch, ich kann sie nicht begreifen.
Wohin soll ich gehen vor deinem Geist,
und wohin soll ich fliehen vor deinem Angesicht?

Führe ich gen Himmel, so bist du da;
bettete ich mich bei den Toten, siehe, so bist du auch da.
Nähme ich Flügel der Morgenröte und bliebe am äußersten Meer,
so würde auch dort deine Hand mich führen
und deine Rechte mich halten.

Spräche ich: Finsternis möge mich decken
und Nacht statt Licht um mich sein –,
so wäre auch Finsternis nicht finster bei dir,
und die Nacht leuchtete wie der Tag. / Finsternis ist wie das Licht.

Denn du hast meine Nieren bereitet
und hast mich gebildet im Mutterleibe.
Ich danke dir dafür, dass ich wunderbar gemacht bin.

Wunderbar sind deine Werke; / das erkennt meine Seele.
Es war dir mein Gebein nicht verborgen,
als ich im Verborgenen gemacht wurde,
als ich gebildet wurde unten in der Erde.

Deine Augen sahen mich, als ich noch nicht bereitet war,
und alle Tage waren in dein Buch geschrieben,
die noch werden sollten und von denen keiner da war.

Aber wie schwer sind für mich, Gott, deine Gedanken!
Wie ist ihre Summe so groß!
Wollte ich sie zählen, so wären sie mehr als der Sand:
Am Ende bin ich noch immer bei dir.

Ps 139,1–18

Du sollst dir kein Gottesbild machen und keine Darstellung von irgendetwas am Himmel droben, auf der Erde unten oder im Wasser unter der Erde. *Ex 20,4*

Meister von S. Clemente de Tahull, um 1225

Erfahrungen mit Gottes Hand

Deine Hand hat mich gemacht und bereitet;
unterweise mich, dass ich deine Gebote lerne.
Ps 119,73

Meine Seele hängt an dir; deine rechte Hand hält mich.
Ps 63,9

Dennoch bleibe ich stets an dir;
denn du hältst mich bei meiner rechten Hand.
Ps 73,23

Du tust deine Hand auf und sättigst alles,
was lebt, nach deinem Wohlgefallen.
Ps 145,16

Frohlocken und Jubel erschallt in den Zelten der Gerechten:
„Die Rechte des Herrn wirkt mit Macht! Die Rechte des Herrn
ist erhoben, die Rechte des Herrn wirkt mit Macht!"
Ps 118,15f.

Warum ziehst du deine Hand zurück? Nimm deine Rechte
aus dem Gewand und mach ein Ende!
Ps 74,11

Reichtum und Ehre kommt von dir, du herrschst über alles.
In deiner Hand steht Kraft und Macht, in deiner Hand steht es,
jedermann groß und stark zu machen.
1Chr 29,12

Georg Baselitz, 1964/65

Gottesbilder heute

Jugendliche stellen sich Gott vor

Eigentlich möchte ich mir kein Bild von Gott machen. Er ist für mich eine Kraft oder Energie, die jeder Mensch spüren kann. Man kann Gott schön beschreiben, aber man kann ihn durch seine Taten erfahren.
Julia, 17 Jahre

Für mich ist Gott halb Person, halb Gas, das alles durchdringt. Er ist ein Paar sehr große Hände, in denen er die Welt trägt und die Menschen zusammenhält. Dazu hat er noch viele kleine Hände, mit denen er jeden Einzelnen von uns hält und schützt.
Dorothea, 15 Jahre

Ich stelle mir Gott so vor: Man kann ihn nicht sehen, aber er ist da. Er ist überall gleichzeitig. Er wacht über alle Menschen und beschützt sie ein wenig. Ich glaube, Gott ist männlich und sehr mächtig.
Fabian, 12 Jahre

Irgendwann einmal stellte ich mir einen kurzen Augenblick Gott als Windmühle vor. Es war eine besondere Windmühle – aus verschiedenen Gegenständen zusammengebaut. Dann verwarf ich diesen Gedanken aber schnell wieder, denn man soll sich ja kein Bild von Gott machen! Aber bis heute noch denke ich oftmals an diese Windmühle zurück. Denn: Wie kam ich gerade auf eine Windmühle?
Jetzt, wenn ich versuche, dem Gedanken mit der Windmühle auf den Grund zu gehen, kommt mir die Idee, dass diese Windmühle bedeuten könnte, dass Gott all meine Vorstellungen vom Leben beinhaltet – daher das Zusammenspiel der verschiedenen Gegenstände. Dadurch, dass dieser Gott eine Windmühle ist, lässt er sich sogar durch den Wind bewegen; und dieser Wind – warum sollte nicht ich dieser Wind sein, der die Mühle bewegt? Vielleicht ist Gott gar nicht starr und mächtig, sondern abhängig – abhängig von der Kraft, die wir ihm geben können, damit er sich bewegen kann – doch sicher auch für uns. So würde z.B. im Einklang von Mühle und Wind Korn gemahlen werden.
Katharina, 16 Jahre

Versuch einer Befreiung

Der liebe Gott sieht alles, sagte Schwester Lioba im Kindergarten. Er sieht alles, er hört alles, er weiß alles.

Ich erinnere mich, dass es zwei Götter gab: den lieben Gott meiner Mutter und den lieben Gott von Schwester Lioba, der auch der von Vikar Wittkamp war. Der liebe Gott Schwester Liobas war der Vater des nickenden Negerkindes aus Gips. Für einen Groschen zehnmal nicken. Der liebe Gott Schwester Liobas war stets darauf bedacht, alles zu sehen, alles zu wissen und alles zu bestrafen. Der liebe Gott Schwester Liobas hatte ewiges Leben und war mächtig und böse.

Der liebe Gott meiner Mutter war der Vater des Schutzengels. Der liebe Gott meiner Mutter war ein freundlicher alter Herr, dem die Himmelsschlüssel aus der Hand gefallen waren und jetzt als Blumen am Sielbach wuchsen. Der liebe Gott meiner Mutter war im Sommer ein leidenschaftlicher Gärtner und ab September arbeitete er aushilfsweise in der himmlischen Bäckerei, zusammen mit den kleinen pausbackigen Engeln, deren Schicht mit dem Abendrot begann. Meine Mutter kannte alle Sorten Plätzchen, die dort für Weihnachten gebacken wurden, und konnte sie mir aufzählen. Der liebe Gott meiner Mutter wäre niemals auf den Gedanken gekommen, hinter Kindern her zu spionieren, er machte lieber beide Augen zu und schickte den Schutzengel an die rechte Seite meines Bettes, wo er die ganze Nacht Wache hielt. Ich konnte seinen Engelsatem spüren. Der liebe Gott meiner Mutter hatte nur einen Fehler: Er starb, als ich fünf wurde.

Jutta Richter

MÄDCHEN, 14 JAHRE

Vertrauen

Gottes Hand. Ein menschliches Bild.
Fürsorge, Zärtlichkeit, Kraft liegt darin.
Eine offene Hand, in der ich geborgen sein darf.
Gewiss, dass er mich kennt, aufnimmt, für mich sorgt.

Ausdruck der Liebe, die mich hält,
nachdem ich versucht habe,
mein Leben in die eigene Hand zu nehmen.

Eine Hand, die mich nicht zurückhält, sondern fördert,
die mich nicht abhält, sondern zu mir hält.

Ich spüre, wie ich Kraft bekomme,
neue Kraft für mein Leben.

Gisela Zimmermann

Die 99 schönsten Namen Gottes im Islam

Der Allerbarmer   der Barmherzige   der Herrscher und König   der Majestätische   der Ehrenvolle   der Großzügige   der Heilige   der Einzigheilige   der Friede   der Verleiher des Friedens   der Verleiher der Sicherheit   der Beherrscher   der Allmächtige   der Unterwerfer   der Stolze   der Hohe   der unvergleichlich Große   der Erhabene   der Mächtige   der Starke   der Alles-Bezwinger   der einzige und absolute Herrscher   der Besitzer aller vorzüglichen Eigenschaften   der gerechte Vergelter   der unparteiisch Richtende   der Inhaber aller Reichtümer   der Reiche   der weise Richter   der Gerechte   der Wachsame   der alles Aufzeichnende   der genau Berechnende   der Ruhmvolle   der Glorreiche   der zu allem Fähige   der Besitzer aller Macht   der Schöpfer   der Erschaffer   der Former   der allen Dingen ihr Sein verlieh   der Urheber   der alles wieder zum Leben erwecken wird   der Leben Spendende   der, in dessen Hand der Tod ist   der Erhalter   der Beschützer   der große Verzeiher   der Dankbare   der die Reue seiner Diener Annehmende   der Gnädige   der Vergeber   der Feinfühlige   der Gütige   der Nachsichtige   der Erhörer der Gebete   der Verleiher   der Geber   der Versorger   der alle Ernährende   der Gunstverleiher   der alles Umfassende   der Wohltätige   der Öffner der Türen zum Wissen   der Allwissende   der Allweise   der Kundige   der Zeuge   der Wahrhaftige   der Vertrauenswürdige   der Liebevolle   der Schutzherr eines jeden   der Preiswürdige   der aus sich selbst Lebende   der, ohne dessen Hilfe nichts bestehen kann   der Erste ohne Beginn   der Letzte ohne Ende   der Offenbare   der Verborgene   der Erniedriger der Hochmütigen   der Erhörer   der Verleiher der Ehre   der Demütiger der Unterdrücker   der Hervorheber   der Wohltäter   das Licht   der Führer zum rechten Weg   der Schöpfer aller Dinge   der ewig Bleibende   der einzige Erbe   der Geduldige   der Eine   der Einzige   der Einzelne   der von allem und jedem Unabhängige   der seiner gesamten Schöpfung Gnädige   der Barmherzigkeit Erweisende   der Angebetete   der Verehrte   der Allhörende

Gott wird Mensch

Die Heilung einer verdorrten Hand

Als er ein andermal in eine Synagoge ging, saß dort ein Mann, dessen Hand verdorrt war. Und sie gaben Acht, ob Jesus ihn am Sabbat heilen werde; sie suchten nämlich einen Grund zur Anklage gegen ihn. Da sagte er zu dem Mann mit der verdorrten Hand: Steh auf und stell dich in die Mitte! Und zu den anderen sagte er: Was ist am Sabbat erlaubt: Gutes zu tun oder Böses, ein Leben zu retten oder es zu vernichten? Sie aber schwiegen. Und er sah sie der Reihe nach an, voll Zorn und Trauer über ihr verstocktes Herz, und sagte zu dem Mann: Streck deine Hand aus! Er streckte sie aus und seine Hand war wieder gesund. Da gingen die Pharisäer hinaus und fassten zusammen mit den Anhängern des Herodes den Beschluss, Jesus umzubringen. *Mk 3,1-6*

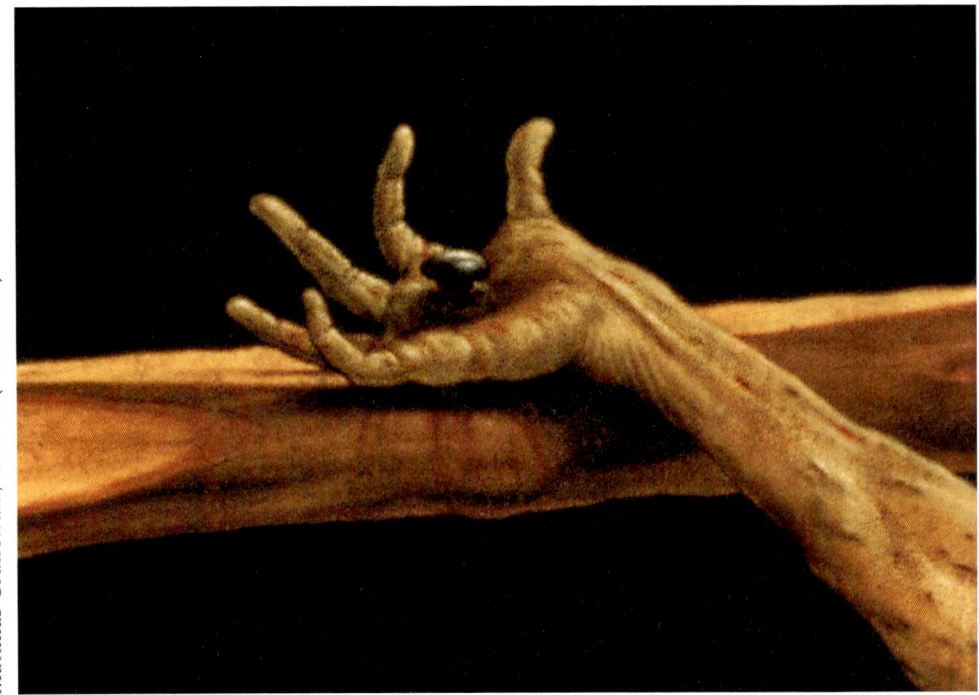

Matthias Grünewald, 1512–16 (Ausschnitt)

Ich habe keine anderen Hände als die euren

Thüringer Meister, um 1500

Hand-lungen

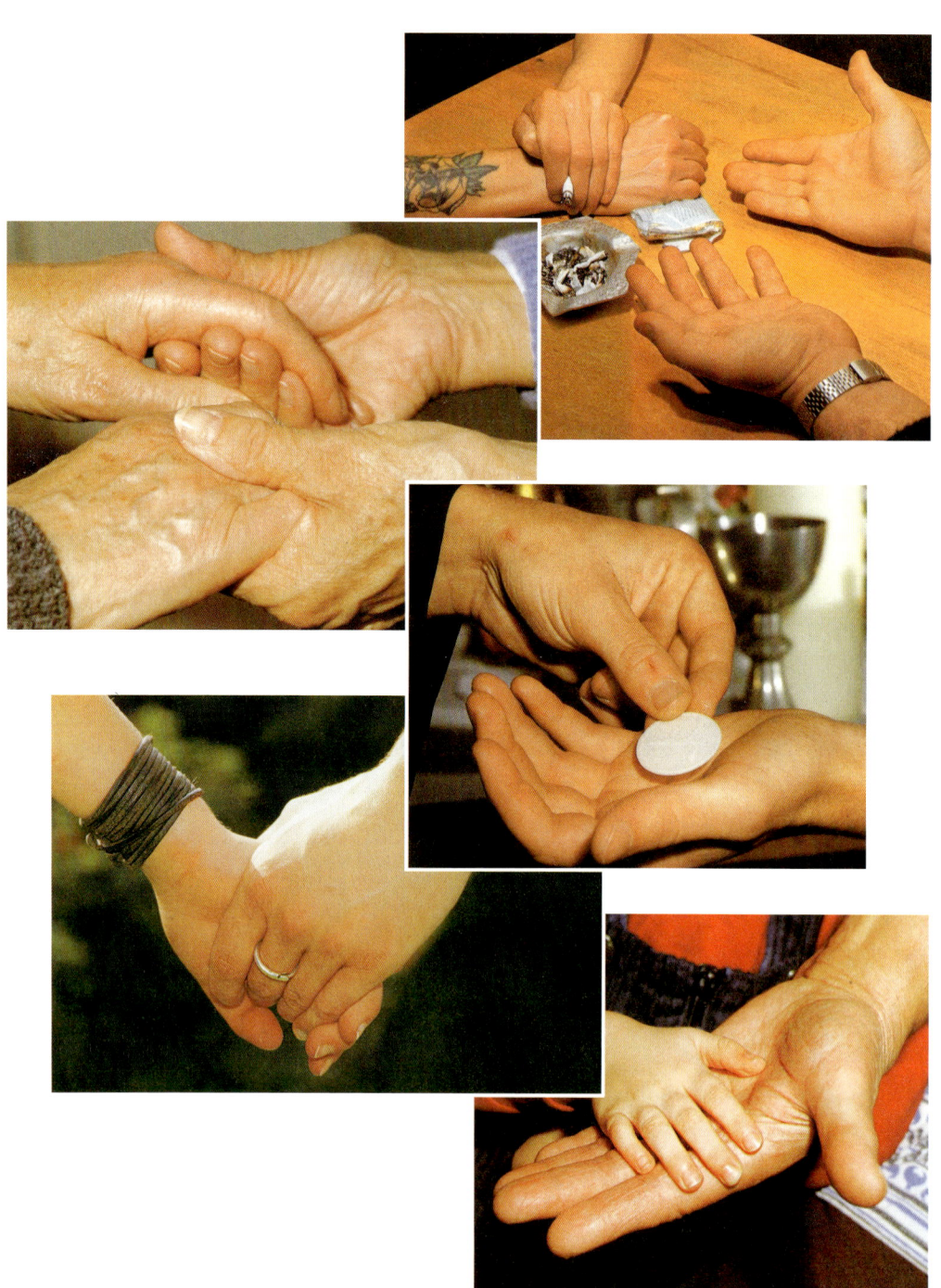

Lernen fürs Leben

Bibeltexte vortragen

Um Bibeltexte „zum Sprechen zu bringen" ist es gut, sie zu hören bzw. laut zu lesen. Dabei macht das Laut-Lesen manchmal unvermutet Probleme: Die Sprache der Bibel ist ungewohnt und sogar „sperrig".

- Ich lese den Text zunächst leise und achte auf Wörter und Sätze, die mir fremd sind; ich hole mir eventuell Hilfe, um ihren Sinn zu verstehen.
- Dann lese ich den Text laut für mich und höre darauf, ob er einen besonderen Rhythmus hat.
- Ich denke mich in die Gedanken des Textes hinein, sodass sie mir allmählich vertrauter werden.
- *Beim Üben des Vortrages* achte ich darauf, dass ich langsam und deutlich spreche und die Endsilben der Wörter nicht verschlucke.
- Ich kann den Text durch meine Stimme gestalten: Einige Wörter, die ich besonders wichtig finde, betone ich stärker, andere spreche ich leiser und zurückhaltender.
- Manchmal ist es auch hilfreich, den Vortrag, am besten stehend, vor einem Spiegel zu üben.
- *Beim Vortragen* bemühe ich mich, den Zuhörern einen Zugang zu dem Text zu ermöglichen. Ich spreche langsam und baue an passenden Stellen Pausen ein. Vielleicht kann ich den Text sogar auswendig sprechen.
- Es ist gut, wenn deutlich wird, dass ich während des Vortrags *sowohl nachdenkend als auch vorausdenkend* spreche.

Aufgaben – Impulse – Projektideen

■ 41 BILD: ▶Schreibe zu dem Bild ein Gedicht.

■ 42 BILD: ▶Die Hand erzählt ... – Verfasse einen Text. ▶▶Schneidet Hände aus Zeitschriften aus und gestaltet eine Collage. Stellt den Bildern kurze Kommentare zur Seite.

■ 43 BILD: ▶▶„Lest" euch gegenseitig die Hand-lungen vor, die auf der Seite abgebildet sind. ▶▶Zu zweit: Erfindet einen Dialog mit den Händen. Spielt ihn den anderen vor. Sie sollen raten, was ihr meint.

■ 44 PSALM: ▶▶Übt den ausdrucksvollen Vortrag dieses Psalms. ▶Wähle einen Lieblingsabschnitt. Lege dazu eine Mindmap an. Bereite dich darauf vor, der Klasse dein Ergebnis vorzutragen.

■ 45 (KEIN) BILD: ▶Bilderverbot und Bild der Hand Gottes – kommentiere den Zusammenhang von Textausschnitt und Bild.

■ 46 ERFAHRUNGEN: ▶Zähle auf, welche Eigenschaften Gottes die Texte zum Ausdruck bringen. ▶In eigenen Worten: Was bedeutet „Gottes Hand"? ▶Nach deiner eigenen Erfahrung oder Hoffnung: Wie wirkt Gott? Wie sollte er wirken?

■ 47 BILD: ▶Beschreibe die Beziehung zwischen Hand und Haus. ▶Suche aus den Psalmworten (S. 46) eines aus, das zu dem Bild passt. Bereite dich darauf vor, deine Wahl zu erläutern.

■ 48 JUGENDLICHE: ▶Schreibe einen weiteren Text für diese Seite. ▶▶Zu zweit: Sucht einen der Texte aus; entwickelt daraus ein Gespräch, in dem eine/r von euch die Aussage des Zitates unterstützt, der/die andere es hinterfragt. ▶Zeichne Katharinas Bild von Wind und Windmühle in einer Skizze nach.

■ 49 BEFREIUNG: ▶Stelle gegenüber: gute und schlechte Erfahrungen mit Gott. ▶▶Zu zweit: Erfindet ein Interview – entweder mit Schwester Lioba oder mit der Autorin des Textes, Jutta Richter.

■ 50 Vertrauen: ▶Schreibe einen eigenen Text über „Geborgenheit in einer *offenen* Hand" ▶Gestalte zeichnerisch oder modellierend die „Geborgenheit in einer *offenen* Hand".

■ 51 99 Namen: ▶Suche aus der Liste drei Namen heraus, die du auch für Gott gebrauchen würdest, und drei, die du auf keinen Fall gebrauchen würdest. Diskutiere deine Wahl mit wechselnden Partnern/Gruppen in der Klasse.

■ 52 Verdorrte Hand: ▶Schreibe aus Sicht des Mannes: „Vorher konnte ich nicht ... – jetzt kann ich ..." ▶▶Zu zweit: Stellt einen Zusammenhang zwischen der Geschichte und dem Bild auf derselben Seite her. Bereitet euch darauf vor, euer Ergebnis vorzutragen.

■ 53 Bild: ▶▶Sammelt Ideen: In welcher Weise können Menschen dem Gekreuzigten „ihre Arme leihen"?

■ 54 Bilder: ▶Wähle eine der Handlungen aus und schreibe dazu eine Geschichte oder einen Dialog. ▶▶Entwerft Plakate, mit denen für ein menschliches Miteinander geworben wird. Verwendet das Symbol Hand für Slogan und/oder Gestaltung.

Projekte

■ Eine Meinungsumfrage durchführen und auswerten: Befragt Mitschülerinnen und Mitschüler, Eltern, Großeltern, andere Erwachsene nach ihren Gottesvorstellungen und Gotteserfahrungen. Präsentiert die Ergebnisse.

■ Handabdrücke nehmen: Von Lehrern und Mitschülern werden mit Gipsbinden Handabdrücke genommen. Aushärten lassen, mit Gips ausgießen – so entstehen Gipshände. Diese werden in der Schule ausgestellt: Welche Hand gehört wem? (Wettbewerb)

Entdeckt, verstanden, gestaltet

Gottessymbol Hand – ein weiter Raum

Ich kenne und kann	■ vielfältige Bedeutungen der menschlichen Hand
	■ Hand-Erfahrungen nachvollziehen und nach ihrer jeweiligen Bedeutung fragen.
Ich kenne	■ das biblische Bilderverbot (Ex 20,4) und dessen Bedeutung.
Ich weiß,	■ dass die Hand ein wichtiges Symbol für Gott ist, besonders im Alten Testament.
Ich kann	■ die unterschiedlichen Bedeutungen der Hand Gottes in Psalm 139 auf das Gottesbild des Beters beziehen.
Ich kann	■ biblische Erfahrungen mit Gottes Hand darstellen und sie mit modernen Erfahrungen vergleichen.
Ich kenne und kann	■ heutige Gottesvorstellungen
	■ ihre Vielfalt erklären.
Ich kann beschreiben,	■ welche Wirkung die Einstellung zu Gott auf die eigene Lebensgestaltung haben kann.
Ich kenne	■ die Bedeutung des Gottesnamens im Islam.
Ich weiß,	■ dass im Neuen Testament das Handeln und Wirken Jesu im Mittelpunkt stehen.
Ich kann	■ die Heilungsgeschichte von der verdorrten Hand (Mk 3,1-6) nacherzählen
und weiß,	■ dass die Begegnung mit Jesus das eigene Leben grundlegend verändern kann.
Ich kann	■ erklären, warum Menschenhände stellvertretend für Jesu Hände wirksam sein können.
Ich kenne	■ Beispiele für konkretes menschliches Handeln am Nächsten.

Propheten

Sieger Köder, 1997

Sehen – Hören – Sprechen

Jusepe de Ribera, 1622

Nelly Sachs 1944/45:
Ehe es wächst, lasse ich euch
es erlauschen.

Lange haben wir das Lauschen verlernt!
Hatte Er uns gepflanzt einst zu lauschen
Wie Dünengras gepflanzt, am ewigen Meer,
Wollten wir wachsen auf feisten Triften,
Wie Salat im Hausgarten stehn.

Wenn wir auch Geschäfte haben,
Die weit fort führen
von seinem Licht,
Wenn wir auch das Wasser aus Röhren trinken,
Und es erst sterbend naht
Unserem ewig dürstenden Mund –
Wenn wir auch auf einer Straße schreiten,
Darunter die Erde zum Schweigen gebracht wurde
Von einem Pflaster,
Verkaufen dürfen wir nicht unser Ohr,

O, nicht unser Ohr dürfen wir verkaufen.
Auch auf dem Markte,
Im Errechnen des Staubes,
Tat manch einer schnell einen Sprung
Auf der Sehnsucht Seil,
Weil er etwas hörte,
Aus dem Staube heraus tat er den Sprung
Und sättigte sein Ohr.
Presst, o presst an der Zerstörung Tag
An die Erde das lauschende Ohr,
Und ihr werdet hören, durch den Schlaf hindurch
Werdet ihr hören
Wie im Tode
das Leben beginnt.

Stille Post

Ivan Steiger, 1984

Der Prophet Amos

Amos starrt in die Flammen. Den langsam sich schwärzenden Himmel, die Schemen der Bäume und die Silhouetten der Schafe sieht er nicht mehr. Es scheint, als träume er. Aber er ist hellwach. Er lauscht. Alle Hirten lauschen, wenn die Dämmerung hereinbricht, denn hinter dem vertrauten Blöken der Schafe und Ziegen gibt es eine Welt unheimlicher Geräusche. Das Knacken von Zweigen. Das Grollen der Berglöwen. Der Wind, der über die weite, felsige Ebene fegt. Während er in die Dunkelheit hineinlauscht, lässt er seine Gedanken treiben.

Die Lieder am Tempel von Jerusalem fallen ihm ein. Gottes Stimme ist wie das Grollen des Löwen, heißt es dort. Auch an die Streitwagenheere der Assyrer muss Amos denken. Ein Geräusch wie bei einem Erdbeben, wenn sie heranbrausen. Doch jetzt herrscht Frieden.

Amos' Gedanken wandern weiter zu den Märkten im Nachbarland Israel. Elfenbein, purpurfarbene Hemden. Nur die Phönizier liefern Purpur. Die Karawanen aus Sidon und Tyrus bringen ihn mit, er ist teurer als Gold! ...

Plötzlich merkt Amos, wie sein Atem schneller wird. Ein Bild erscheint vor dem inneren Auge, erst schemenhaft, dann klarer. Ein grauenhaft schwarzer Himmel. Das Dunkel fällt auf die Felder und Weinberge. Ein Sirren, das anschwillt bis zu einem Donnergrollen. Wanderheuschrecken. Aber so ein riesenhafter Schwarm? Als Junge hat Amos oft Heuschrecken gefangen und sich gefragt, wie Heuschrecken fressen. Jetzt sieht er die gefräßigen Mäuler bei der Arbeit. „Gott, vergib doch! Was soll aus Israel werden, es ist ja so klein", bricht es plötzlich aus Amos hervor. Und mit diesen Worten verschwindet das Bild und das Grauen, das Amos gepackt hat. Sein Atem wird ruhiger. Alles scheint wieder wie vorher: das Feuer, die Schafe, noch immer ist es nicht ganz dunkel. Aber mit einer merkwürdigen Gewissheit spürt Amos: Er ist ein anderer geworden.

Michael Stille

Franz Radziwill, 1949

Von Menschenverkäufern, Baschankühen und Rechtsverkehrern – Eindrücke in Israel

Amos sieht: Jael, die Frau des königlichen Steuereintreibers Joel, stolziert im Purpurkleid an den Marktständen vorbei. Bewundernde Blicke folgen ihr. *Amos hört:* Rafael flucht hinter seinem armseligen Stand, wo nur wenige Säcke Getreide zum Kauf bereitstehen. „15 Säcke Getreide hat der Halsabschneider bei mir eingetrieben. Ich weiß genau, dass der König nur 10 verlangt, die Steuerliste hängt ja aus. Nur damit diese Kuh hier rumprotzt!"

Amos sieht: In der Ecke des Marktplatzes drängen sich die Tagelöhner. Hier ist er vorher noch nie gewesen. Sie betteln um Arbeit. Nur die Stärksten und Lautesten finden Gnade in den Augen der reichen Bauern, die sich hier Arbeitskräfte für ihre riesigen Felder abholen. *Amos hört:* „Wie soll ich nur über den Winter kommen!" „Mein Kind ist krank. Es wird jeden Tag schwächer!" „Um Gottes Willen, nimm mich, Schlomo! Meine Äcker sind so klein, das reicht nicht für meine Familie!" „Der da bricht bestimmt bald zusammen. Den nehmen wir nicht!"

Amos sieht: Rafael kommt vom Stadttor Samarias gelaufen. Wütend ist er, er ballt die Faust. Heute ist Gerichtstag. Joseph, der Richter, reicht Joel die Hand. *Amos hört* die Menge tuscheln: „Na, wie viel hat Joseph bekommen für diesen Freispruch? Wenn man da nur etwas machen könnte!" „Häng' dich da nur nicht rein! Sonst verbietet er dir noch, hier auf dem Markt weiter zu verkaufen!" „Das wäre mein Ende!"

Kees de Kort, 1987

Amos sieht: Der Gottesdienst in Bet El ist gut besucht. Überall gut gekleidete Männer und Frauen. Makellose Tiere, die zum Dank geopfert werden: Rinder, Schafe, Ziegen. Kaum Tauben. In der Menge entdeckt er Schlomo, Joel und Joseph. Sie gucken ganz fromm. *Amos hört* Amazja, den obersten Priester, aus dem Gesetz Gottes vorlesen: „Leihst du einem Armen, der neben dir wohnt, Geld, dann sollst du dich gegen ihn nicht wie ein Wucherer benehmen. Du sollst das Recht des Armen in einem Rechtsstreit nicht beugen." Dann: „Nimm das Opfer dieser Menschen an, Herr! Und schenke ihnen deine Gunst auch im nächsten Jahr!" *Amos sieht:* Der Priester segnet alle. Auch Schlomo, Joel und Joseph.

Michael Stille

Amos spricht

Hört dieses Wort, ihr Baschankühe auf dem Berg von Samaria, die ihr die
Schwachen unterdrückt und die Armen zermalmt und zu euren Männern sagt:
Schafft Wein herbei, wir wollen trinken. Bei seiner Heiligkeit hat Gott, der Herr,
geschworen: Seht, Tage kommen über euch, da holt man euch mit
Fleischerhaken weg, und was dann noch von euch übrig ist, mit Angelhaken.
Ihr müsst durch die Breschen der Mauern hinaus, eine hinter der andern;
man jagt euch dem Hermon zu – Spruch des Herrn. *Am 4,1-3*

Weil ihr von den Hilflosen Pachtgeld annehmt und ihr Getreide mit Steuern
belegt, darum baut ihr Häuser aus behauenen Steinen – und wohnt nicht
darin, legt ihr euch prächtige Weinberge an – und werdet den Wein nicht
trinken. Denn ich kenne eure vielen Vergehen und eure zahlreichen Sünden.
Ihr bringt den Unschuldigen in Not, ihr lasst euch bestechen und weist den
Armen ab bei Gericht. *Am 5,11f.*

Prophetisch sehen lernen

Der Tanz ums goldene Kalb!

Im Geflecht von Konsumansprüchen, von Denkgewohnheiten, von Über- und Unterordnung, von Bevor- und Benachteiligung, von Handelsstrukturen, von Touristen- und Flüchtlingsströmen, von Erster, Dritter und Virtueller Welt:

Den Armen Gerechtigkeit.

Postbank Köln 500 500-500

Für viele Kinder unserer Welt

beginnt die Party etwas später!

Postbank Köln 500 500-500

Der Prophet Jesaja

Sehen sollt ihr, aber nicht erkennen

Im Todesjahr des Königs Usija sah ich den Herrn. Er saß auf einem hohen und erhabenen Thron. Der Saum seines Gewandes füllte den Tempel aus. Serafim standen über ihm. Jeder hatte sechs Flügel: Mit zwei Flügeln bedeckten sie ihr Gesicht, mit zwei bedeckten sie ihre Füße und mit zwei flogen sie. Sie riefen einander zu: Heilig, heilig, heilig ist der Herr der Heere. Von seiner Herrlichkeit ist die ganze Erde erfüllt.
Die Türschwellen bebten bei ihrem lauten Ruf und der Tempel füllte sich mit Rauch. Da sagte ich: Weh mir, ich bin verloren. Denn ich bin ein Mann mit unreinen Lippen und lebe mitten in einem Volk mit unreinen Lippen und meine Augen haben den König, den Herrn der Heere, gesehen. Da flog einer der Serafim zu mir; er trug in seiner Hand eine glühende Kohle, die er mit einer Zange vom Altar genommen hatte. Er berührte damit meinen Mund und sagte: Das hier hat deine Lippen berührt: Deine Schuld ist getilgt, deine Sünde gesühnt.

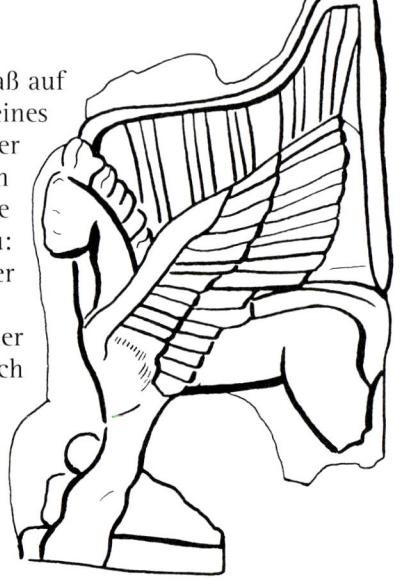
CHERUBENTHRON AUS MEGGIDO, CA. 1000 V.CHR.

Danach hörte ich die Stimme des Herrn, der sagte: Wen soll ich senden? Wer wird für uns gehen? Ich antwortete: Hier bin ich, sende mich! Da sagte er: Geh und sag diesem Volk: Hören sollt ihr, hören, aber nicht verstehen. Sehen sollt ihr, sehen, aber nicht erkennen. Verhärte das Herz dieses Volkes, verstopf ihm die Ohren, verkleb ihm die Augen, damit es mit seinen Augen nicht sieht und mit seinen Ohren nicht hört, damit sein Herz nicht zur Einsicht kommt und sich nicht bekehrt und geheilt wird.
Ich fragte: Wie lange, Herr? Er antwortete: Bis die Städte verödet sind und unbewohnt, die Häuser menschenleer, bis das Ackerland zur Wüste geworden ist. *Jes 6,1-11*

VIERFLÜGELIGER SARAF, JUDA, CA. 800 V.CHR.

Michael Böhme, 1998

… denn das Land soll voll Erkenntnis des Herrn sein

Und es wird ein Reis hervorgehen aus dem Stamm Isais und ein Zweig aus seiner Wurzel Frucht bringen.

Auf ihm wird ruhen der Geist des HERRN, der Geist der Weisheit und des Verstandes, der Geist des Rates und der Stärke, der Geist der Erkenntnis und der Furcht des HERRN.

Und Wohlgefallen wird er haben an der Furcht des HERRN. Er wird nicht richten nach dem, was seine Augen sehen, noch Urteil sprechen nach dem, was seine Ohren hören, sondern wird mit Gerechtigkeit richten die Armen und rechtes Urteil sprechen den Elenden im Lande, und er wird mit dem Stabe seines Mundes den Gewalttätigen schlagen und mit dem Odem seiner Lippen den Gottlosen töten.

Gerechtigkeit wird der Gurt seiner Lenden sein und die Treue der Gurt seiner Hüften.

Da werden die Wölfe bei den Lämmern wohnen und die Panther bei den Böcken lagern. Ein kleiner Knabe wird Kälber und junge Löwen und Mastvieh miteinander treiben.

Kühe und Bären werden zusammen weiden, dass ihre Jungen beieinander liegen, und Löwen werden Stroh fressen wie die Rinder.

Und ein Säugling wird spielen am Loch der Otter, und ein entwöhntes Kind wird seine Hand stecken in die Höhle der Natter.

Man wird nirgends Sünde tun noch freveln auf meinem ganzen heiligen Berge; denn das Land wird voll Erkenntnis des HERRN sein, wie Wasser das Meer bedeckt.

Und es wird geschehen zu der Zeit, dass das Reis aus der Wurzel Isais dasteht als Zeichen für die Völker. Nach ihm werden die Heiden fragen und die Stätte, da er wohnt, wird herrlich sein.

Jes 11,1-10

Edward Hicks, ca. 1834

Die alttestamentlichen Propheten – gesehen von Juden, Christen und Muslimen

„Liebe und Wahrheit sprosst aus der Erde hervor und Gerechtigkeit schaut aus der Höhe hernieder" (Ps 85,11-12). Diese Zuversicht hat die Bibel der Menschheit gegeben und von ihr lebt seitdem alle menschliche Hoffnung. Das war für die Propheten auch das Bild der Zukunft Israels. Das Schicksal Israels ist für sie das Schicksal der Religion, und der Weg und das Geschick der Religion und damit der Menschheit sind der Weg und das Geschick Israels. So tritt die Geschichte Israels hier in den Mittelpunkt der Geschichte der Menschheit; inmitten der Hoffnung der Menschheit stehen die Hoffnung und der Trost Israels. Das Heil der Menschheit ist für die Propheten das Gut, welches von Zion ausgegangen ist. ... Alle Menschen werden sich in dem einen Gott zusammenfinden, dessen Wort zuerst in Israel verkündet worden ist: „Mein Haus wird ein Haus der Gebete genannt werden für alle Völker" (Jes 56,7).

Verband der Deutschen Juden

(Jesus spricht zu seinen Jüngern:) Ihr aber seid selig, denn eure Augen sehen und eure Ohren hören. Amen, ich sage euch: Viele Propheten und Gerechte haben sich danach gesehnt zu sehen, was ihr seht, und haben es nicht gesehen, und zu hören, was ihr hört, und haben es nicht gehört.   *Mt 13,16f.*

Unser Herr Muhammed (Friede sei mit ihm) war der an alle Völker der Erde gesandte letzte und Weltprophet.
Vom Erscheinen des Menschen auf der Erde bis zu unserem Herrn Muhammed (F.s.m.i.) kamen sehr viele Propheten. Einige von ihnen nennt uns Gott im Heiligen Qur'an (Koran). Ihre wahre Zahl weiß ER allein.
Der erste von ihnen war Adam, der letzte unser Herr Muhammed (F.s.m.i.).
Folgende Propheten werden im Heiligen Qur'an namentlich genannt: 1. Adem (Adam) 2. Idris (Henoch) 3. Nuh (Noah) 4. Hud (Heber) 5. Salih (Methusalem) 6. Ibrahim (Abraham) ... 21. Dhu'l-Kifl (Jesaja) 22. Zakarijja (Zacharias) 23. Jahja (Johannes der Täufer) 24. Isa (Jesus) (Friede sei mit ihnen) 25. Muhammed (Friede sei mit ihm).
Wir glauben an alle Propheten, seien sie uns bekannt oder unbekannt, ohne einen Unterschied zwischen ihnen zu machen.

Kleiner Islamischer Katechismus

Lernen fürs Leben

Eine Ausstellung gestalten

Anderen zeigen, was man erarbeitet hat, ein Thema vertiefen oder erweitern, Spaß haben am Gestalten mit Bildern, Texten, Gegenständen - es gibt viele gute Gründe, eine Ausstellung vorzubereiten und zu präsentieren.

- *Vorbereitung.* Wir wählen einen geeigneten Ort. Plakate oder Vitrinen im Klassenzimmer? Schaukästen und Stelltafeln in der Pausenhalle? Ein eigener Raum nur für die Ausstellung? Räume außerhalb der Schule können den Zuschauerkreis erweitern und ermöglichen neue Perspektiven. Warum nicht Informationstexte neben eine Prophetenfigur in der Kirche setzen, eine Amos-Ausstellung im Foyer der Sparkasse machen, ein Schaufenster im Dritte-Welt-Laden schön gestalten?

- *Planung.* Wir planen realistisch Umfang und Zeit. Wie viel Vorbereitungszeit können wir aufwenden? Wie lange sollte die Ausstellung aufgebaut sein? Gibt es Zeiten, in denen sie besonders viel Interesse findet (Tag der offenen Tür, Projektwoche, Gedenktage, kirchliche Feste)?

- *Durchführung.* Wir legen Wert auf interessante Objekte. Nicht bei jedem Thema ist es einfach, sie zu finden. Oft können jedoch alltägliche Gegenstände in Verbindung mit Hintergrundinformationen sehr reizvoll wirken. Ein Harry-Potter-Hut neben einer Prophetendarstellung weckt das Interesse des Besuchers. Ein Prophetenspruch kann mit heutigen Symbolen von Armut, Reichtum, Verheißung ... in ein neues Licht gerückt werden.

- *Gestaltung.* Wir legen Wert auf eine schöne Präsentation. Formale Elemente (Hintergrund, Handschrift oder Druck, Schriftart und -größe, Überschriften, Verhältnis Bilder – Texte ...) tragen zu einem guten Gesamteindruck bei. Hier können Kunstlehrer und -lehrerinnen gute Tipps geben.

- *Werbung* für den Ausstellungsbesuch gehört dazu! Kleine Plakate, Zeitungsartikel, Ansprechen von geeigneten Personen zum Weitersagen sind dafür einige Möglichkeiten.

Aufgaben – Impulse – Projektideen

- 59 BILD: ▶Lege dem Propheten auf dem Bild eine Rede in den Mund. ▶▶Tragt einander eure Reden vor – so ausdrucksstark wie möglich. ▶Ergänze gemäß dem, was das Bild dir verrät, den Satz: „Ein Prophet ist ..."

- 60 BILD: ▶Beschreibe die unterschiedlichen Augenstellungen. Zu welchen Gedanken, welcher Situation passen sie? ▶Schreibe einen kurzen Text oder ein Gedicht: Was für Augen muss ein Prophet haben?

- 60 NELLY SACHS: ▶▶Tausche deinen „Augen"-Text mit einem Partner. Schreibe dazu einen zweiten Text: Was für Ohren muss ein Prophet haben?

- 61 BILD: ▶Erkläre mithilfe der Karikatur, was ein Prophet ist.

- 62 AMOS: ▶Stelle aus dem Text zusammen, was du über die Person und die Welt des Amos erfährst. ▶▶Du bist Amos, dein Partner ist „Traumdeuter" – erzähle ihm von deiner Vision und höre, wie er sie deutet. Tauscht dann die Rollen.

- 63 BILD: ▶Suche dir einen Platz auf dem Bild. Beschreibe, was du siehst und was du dabei empfindest. ▶▶Du bist der Maler des Bildes, dein Partner interviewt dich. Schreibt euer Gespräch mit oder zeichnet es auf.

- 64 AMOS SIEHT: ▶▶Spielt in Gruppen die einzelnen Szenen (Ausschmücken und fortsetzen erlaubt). ▶▶Diskutiert: Wer ist verantwortlich für solche Zustände? ▶Schreibe einen Kommentar Gottes zu den einzelnen Szenen. Denke dabei an die Vorgeschichte: Auszug aus Ägypten, Gebote und Bund.

- 65 AMOS SPRICHT: ▶▶Tragt Amos' Rede einander vor – möglichst lebhaft und lebensnah. ▶Recherchiere: Sind Amos' Worte Wirklichkeit geworden? ▶▶Diskutiert: Wenn Amos' Worte nicht Wirklichkeit geworden wären – wäre er dann kein Prophet?

- 64/65 BILD: „Das hat sogar Sinn, dass das Buch dieses Bild in zwei Teile teilt." – Erläutere, was der Schüler, der das sagte, gemeint hat.

▪ 66/67 Plakatserie: ▶▶Zu zweit: Betrachtet die farbig abgebildeten Gegenstände und schreibt auf, wie ihr sie auffasst. Verfahrt genauso mit den Schwarz-Weiß-Szenen. ▶Kommentiere die Plakatserie: Was soll gezeigt werden? Lies auch Ex 32,1–14.

▪ 68 Jesaja: ▶Beschreibe, was Jesaja mit seinem äußeren und inneren Augen jeweils sieht. ▶▶Zu zweit: Macht anschaulich, was das bedeuten kann: unreine Lippen. ▶Lies die Sprüche des Propheten: Jes 1,2–4.10–17; 5,25–30. Stelle einen Zusammenhang zu der Vision her.

▪ 69 Bild: ▶▶Führt ein Schreibgespräch über das Bild. ▶▶Führt ein Streitgespräch: Fernsehen öffnet die Augen – Fernsehen macht blind. ▶Was hat das Bild in dem Propheten-Kapitel zu suchen? – Erläutere oder kritisiere.

▪ 70 Erkenntnis des Herrn: ▶▶Tragt euch den Text gegenseitig vor. Wählt Lieblingsstellen aus. ▶Schildere im Stil dieses Textes deinen Traum von einer besseren Welt. ▶Bereite einen Vortrag vor: Was für ein Bild vom Wolf/was für ein Bild vom Lamm ist dir aus Märchen, Geschichten, aus dem Volksmund bekannt?

▪ 70/71 Bild: ▶Wähle eines der Lebewesen und schildere seine Gedanken, Empfindungen, Wünsche. ▶▶Zu zweit: Lamm und Wolf unterhalten sich ... ▶Recherchiere: Wer war William Penn und warum könnte er in das Kapitel „Propheten" hineinpassen?

▪ 72 Propheten: ▶Vergleiche Jesus mit Amos und Jesaja. ▶▶Jede/r in der Klasse erhält eine Nummer: 1, 2, 3. Alle mit der 1 schreiben einen Satz zu „Propheten im Judentum", mit der 2: „Propheten im Christentum", mit der 3 „Propheten im Islam". Lest vor und sammelt an der Tafel die klarsten und wichtigsten Merkmale.

Projekte

▪ Ein Sehtagebuch führen: Sammelt in einem „Klassenbuch" besondere Träume, Erlebnisse, Beobachtungen.

▪ In der Bibel nach Prophet**innen** forschen: Mirjam, Debora ...

Entdeckt, verstanden, gestaltet

Propheten – Hörer und Seher und Sprecher

Ich kann	■ Träume, persönliche Erlebnisse, gesellschaftliche Missstände und Umbruchssituationen als Auslöser für die Frage nach Gottes Willen wahrnehmen.
Ich kann	■ mit anderen darüber sprechen und nach möglichen Konsequenzen für das Leben und Handeln fragen.
Ich weiß,	■ was ein Prophet ist,
und kann	■ ihn von Wahrsagern, Magiern, Demonstranten und falschen Propheten unterscheiden.
Ich kenne	■ einige biblische und außerbiblische Propheten.
und kann	■ von ihrem Leben und ihrer Zeit erzählen.
Ich kann	■ erklären, was eine Vision ist und wie ein prophetischer Spruch entsteht.
Ich weiß,	■ dass viele Prophetensprüche immer wieder überarbeitet wurden und in unterschiedlichen Situationen neue Bedeutungen für die Menschen gewonnen haben.
Ich kann	■ die Bedeutung der Prophetenworte von Amos und Jesaja erläutern und unbekannte Prophetenworte deuten.
Ich kann	■ prophetische Anklagen und Verheißungen nach dem Vorbild von Amos und Jesaja formulieren und kritisch reflektieren.
Ich weiß,	■ dass die Propheten des Alten Testaments für Juden, Christen und Muslime wichtig sind,
und kann	■ erklären, was ihnen Jesaja, Jesus und Mohammed bedeuten.
Ich kann	■ den prophetischen Hintergrund von Martin Luther King, Dietrich Bonhoeffer, „Brot für die Welt" ... erläutern.

Frauen der Kirche

Maria Jepsen

Bärbel Wartenberg-Potter

Margot Käßmann

Frauen um Jesus

Verwirrung um Maria

Maria Magdalena: „Verzweifelt nicht, wenn ihr gesündigt habt"

Mirjam

Mein Vater starb plötzlich, ehe er mir einen Verlobten hatte bestimmen können. Auch mein Bruder bestimmte mir keinen: Er nahm sein Erbe und ging zu den Essenern in die Wüste. Er wurde Mönch und ich sah ihn nie wieder. So war ich allein in dem großen Haus, das nun mir gehörte, jung und schön und reich und ohne Mann. Mit so einer stimmte etwas nicht. Sie ist eine Dämonin, sagte einer, der mich in einer Sackgasse bedrängte, bis ich ihn mit nichts als meinen Blicken in die Flucht schlug. Sie hat Schlangen statt Haare und glühende Kohlen statt Augen. Er meinte es so ernst nicht, doch sprach es sich herum und, einmal ausgesprochen, macht derlei die Runde. Die Dämonin.

Ich streifte umher und niemand mehr wunderte sich. Man hatte sich an mich gewöhnt, wie man sich an Bettler, Aussätzige, Wanderprediger, kleine Propheten gewöhnt. Alles war möglich in unserm Land zu unsrer Zeit.

Eines Tages kam mir in einem Hohlweg eine Gruppe wandernder Männer entgegen. Der Weg war eng, man konnte nur hintereinander gehen. Wer würde ausweichen? Ich, ganz jüdische Frau und ganz Gewohnheit noch immer, trat beiseite, um die Männer vorbeizulassen. Es gehörte sich nicht, fremden Männern offen ins Gesicht zu schauen. Aber da war einer, der mich zwang, die Regel zu durchbrechen: Da war ein Blick, der mich traf und erwidert sein wollte. Was für ein Blick. Mein Herzschlag setzte aus, ich sah eine Art Blitz und fiel in Ohnmacht.

Dies ist der Kern der Geschichte von der Heilung einer Besessenen, von der Austreibung der sieben oder acht Dämonen.

Als ich zu mir kam, war die Sonne untergegangen. Ich fand mich in einem Laubzelt seitlich des Hohlweges. Man hatte mich also dorthin getragen und mir ein sicheres Lager bereitet. Neben mir lag ein Brot und ein kleiner Schlauch Wein. Kein Mensch war mehr zu sehen. Mir war sonderbar zumute. Als ich aufstand, fühlte ich mich leicht wie ein Grasbüschel und ich sah, dass die Erde schön war. Das war es: Ich SAH.

Luise Rinser

Die Erscheinung Jesu vor Maria Magdalena

Maria aber stand draußen vor dem Grab und weinte. Während sie weinte, beugte sie sich in die Grabkammer hinein. Da sah sie zwei Engel in weißen Gewändern sitzen, den einen dort, wo der Kopf, den anderen dort, wo die Füße des Leichnams Jesu gelegen hatten. Die Engel sagten zu ihr: Frau, warum weinst du? Sie antwortete ihnen: Man hat meinen Herrn weggenommen und ich weiß nicht, wohin man ihn gelegt hat. Als sie das gesagt hatte, wandte sie sich um und sah Jesus dastehen, wusste aber nicht, dass es Jesus war. Jesus sagte zu ihr: Frau, warum weinst du? Wen suchst du? Sie meinte, es sei der Gärtner, und sagte zu ihm: Herr, wenn du ihn weggebracht hast, sag mir, wohin du ihn gelegt hast. Dann will ich ihn holen. Jesus sagte zu ihr: Maria! Da wandte sie sich ihm zu und sagte auf Hebräisch zu ihm: Rabbuni!, das heißt: Meister. Jesus sagte zu ihr: Halte mich nicht fest; denn ich bin noch nicht zum Vater hinaufgegangen. Geh aber zu meinen Brüdern und sag ihnen: Ich gehe hinauf zu meinem Vater und zu eurem Vater, zu meinem Gott und zu eurem Gott. Maria von Magdala ging zu den Jüngern und verkündete ihnen: Ich habe den Herrn gesehen. Und sie richtete aus, was er ihr gesagt hatte.

Joh 20,11-18

Begegnung

Rühr mich nicht an, hast du gesagt.
Schau nicht zurück, weil das Leben ist vorn.
Nimm die Erinnerung mit als einen Schatz.
In der Zeit des Hungers magst du davon zehren.

Jetzt aber geh,
um der Liebe willen kehr mir den Rücken
und trau dir zu, du selber zu sein.
Maria, hast du gesagt und hast mir einen Namen gegeben,
geh und sag die Botschaft weiter,
und hast mir einen Auftrag gegeben.
Ich hab mich umgedreht und hab gemerkt,
ich kann auf eigenen Füßen stehen.

Reinhild-Ursula Traitler

Thomas Zacharias, 1990

Frauen in den ersten Gemeinden

Hier ist nicht Jude noch Grieche, hier ist nicht Sklave noch Freier, hier ist nicht Mann noch Frau; denn ihr seid allesamt einer in Jesus Christus. Gehört ihr aber Christus an, so seid ihr ja Abrahams Kinder und nach der Verheißung Erben. *Gal 3,28f.*

Eine Frau lerne in der Stille mit aller Unterordnung. Einer Frau gestatte ich nicht, dass sie lehre, auch nicht, dass sie über den Mann Herr sei, sondern sie sei still. *1Tim 2,11f.*

Swantje Wagner, 1993

Frauen sollen schweigen

Als Erastus nach vorne schritt und die beiden Fackelträger sich an seine Seite stellten, um die Pergamentrolle zu erleuchten, aus der er zu lesen beabsichtigte, meldete sich die rote Chloe und protestierte. „Brüder und Schwestern", sagte sie, „wie könnt ihr so mir nichts dir nichts zur Tagesordnung übergehen und die gottesdienstlichen Verordnungen unseres hochverehrten Paulus lesen, nach all dem, was sich in dieser Woche in unserer Stadt zugetragen hat? Wisst ihr denn nicht, dass Jason, den wir letzten Sonntag auf den Namen Jesu getauft haben, der mit uns zusammen zu einem Leibe getauft worden ist, wie Paulus sagt, dass dieser Jason im Gefängnis sitzt? Sagt Paulus nicht, leidet ein Glied, so leiden alle Glieder? Und Jason leidet. Leiden wir nicht mit ihm? Und wisst ihr nicht, dass er – unschuldigerweise – des Aufruhrs angeklagt worden ist? Es dürfte den hier anwesenden Brüdern und Herren von der Stadtverwaltung" – sie schaute zu Gajus und Erastus – „klar sein, dass auf diese Anklage, wenn sie aufrechterhalten bleibt, die Todesstrafe steht, die Todesstrafe durch Kreuzigung." Gajus nahm das Wort und sagte etwas spitz: „Schwester Chloe, Paulus will nicht, dass die Frauen in der Bürgergemeinde der Christen das Wort führen." „Das hast du erfunden, Bruder Gajus", begehrte Chloe auf. „Nein", antwortete Erastus, „hier steht es: Die Frauen sollen schweigen in der Bürgerversammlung der Christen. Es wird ihnen nicht gestattet zu reden, sondern sie sollen sich unterordnen, wie auch das Gesetz sagt. Wollen sie aber etwas lernen, so sollen sie zu Hause die eigenen Männer fragen; denn es ist für eine Frau schimpflich, in einer Gemeindeversammlung zu reden." Chloe schwieg. Dann aber fasste sie sich und sagte: „Das würde dir so passen. Du willst wieder die alte jüdische Ordnung einführen bei uns. Die gilt aber in Christus nicht. Und welchen Mann soll ich zu Hause fragen?" Einige lachten, denn jedermann wusste, dass sie keinen Mann hatte. „Überhaupt", fuhr sie fort, „kann ich die Stelle sehen?" Chloe kam zum Tisch und ließ sich die Stelle zeigen. „Das ist aber eine andere Handschrift", sagte sie. „Zudem stehen diese Sätze auf einem besonderen Stück Pergament, das hier eingeklebt wurde. Ich kann nicht glauben, dass diese Sätze von Paulus sind. Sie stehen im Widerspruch zu allem, was er sonst schreibt. Sind wir Frauen denn nicht mit dem Heiligen Geist erfüllt wie ihr Männer?" Die Sklaven und Sklavinnen auf der linken Seite des Innenhofes der Villa riefen in wildem Tumult: „Preist den Herrn! Ja, Amen!" „Und", fuhr Chloe fort, „hat Paulus nicht gesagt, wenn Frauen prophezeien, sollen sie ihr Haar mit einem Schleier bedecken? Darum habe ich mir extra diesen roten Schleier gekauft."

Walter J. Hollenweger

Elisabeth von Thüringen

Nächtlicher Aufbruch

Kurz vor Mitternacht verlassen zwei Frauen die Wartburg. Wie Flüchtlinge, die Verfolgung fürchten, hasten sie bergabwärts durch den winterlich kahlen Wald. Sie haben sich keine Zeit gelassen, Abschied zu nehmen. Ihr Weg führt ins Ungewisse. Schneeflocken wirbeln durch Geäst und windzerzauste Sträucher. Feuchte Kälte kriecht durchs Unterholz. Ein halber Mond schwimmt zwischen dahintreibenden Wolken. Nebelschwaden steigen aus dem Tal auf. Die Umrisse der Burg verlieren sich im Dunkel. Milchiges Mondlicht lässt Türme, Zinnen und Erker im fallenden Schnee schemenhaft verschwimmen. Das trübe, zuckende Kerzengeflacker hinter den Fenstern ist wie ein Anruf, der niemanden erreicht. Musikfetzen flattern von dort in die Nacht. Klänge von Hörnern, Schalmeien, Flöten und Fiedeln werden vom Wind fortgetragen. Heinrich Raspe, Landgraf von Thüringen, tafelt mit adligen Gästen und Höflingen.

Die Frauen auf dem glitschigen Waldpfad haben sich schon weit entfernt. Die Burg wirft einen Schatten, aus dem sie hinaus in die Nacht der Welt treten. Alles wird anders sein als bisher. Der Abstieg von der Höhe der Burg wird zum Weg ohne Umkehr. Er befreit Elisabeth von den Mauern, die ihrem Verlangen, die Botschaft Jesu zu leben, entgegenstehen. Er nimmt ihr aber auch den Schutz und die Heimstatt, die sie ihr boten. Dieser Aufbruch trennt sie vom Ort ihres kurzen Eheglücks und wird sie von ihren Kindern trennen. Elisabeth spürt jedoch weder den feuchtfrostigen Zugriff der nächtlichen Kälte noch das trostlose Gefühl von Ausgestoßensein, als sie die Geborgenheit des bisher Gewohnten verlässt. Sie ist mit sich im Reinen. Sie will alles auf sich nehmen, was auf sie zukommt.   *Rüdiger Müller*

Kirche heute

Streben nach Gemeinschaft

Lucy D'Souza, 1990

Ich glaube

Ich glaube an Jesus Christus,
Sohn des Lebens, Bruder der Menschen,
Erstgeborener aller Schöpfung,
der uns an unsere Geschwister erinnert,
die Bäume und die Vögel des Himmels,
Schwester Wasser und Bruder Feuer.
Er verbindet uns mit allem, was lebt
auf unserm kleinen Planeten Erde.

Ich glaube an Jesus, den Sohn des Lebens,
das uns geschenkt wird, damit wir es weiter verschenken.
Er hat die Kranken geheilt und die Traurigen,
er hat die Hungrigen gespeist und die Verzweifelten,
ein Mitarbeiter der Schöpfung,
die weitergeht an jedem Tag in unserer Arbeit,
wenn wir unsere Heimat vor der Plünderung schützen,
unsern kleinen Planeten Erde.

In Christus spüren wir den Geist des Lebens
in einer todessüchtigen Welt.
Wir stehen auf, mit ihm zu kämpfen,
zu leiden und unser Leben zu geben,
bis Gott sei alles in allem
auf unserm kleinen Planeten Erde.

Luise Schottroff

Lebendige Kirche

Die Aufgabe einer lebendigen Kirche ist nach den Vorstellungen des Neuen Testaments eine dreifache: *Kerygma*, *Diakonia* und *Koinonia*, also Verkündigung, Dienst und Gemeinschaft. Alle drei Elemente sind unentbehrlich und miteinander verbunden; wo eines ausfällt, da sind auch die anderen gefährdet und von Erstarrung bedroht.
Kerygma ist das griechische Wort für Verkündigung des Evangeliums. Es bedeutet sowohl den Akt der Verkündigung – also Predigt, Lehre, Unterweisung – wie deren Inhalt, die Zusage, dass die Zeit des Heils gekommen und im Leben, Tod und der Auferstehung Christi sichtbar geworden ist. Es ist ein Ruf zum neuen Leben und zur Umkehr.
Diakonia bedeutet Dienen bzw. Dienst. Die Kirche ist nicht zum Herrschen, sondern zum Dienen da. Kirchliche Einrichtungen, wie das „Diakonische Werk", weisen auf diese Funktion der Kirche hin, anderen uneigennützig zu dienen.
Das dritte Element der Kirche ist die *Koinonia*, die Gemeinschaft mit Gott wie Gemeinschaft untereinander. Sie erwächst aus Botschaft und Diakonie. In der Gemeinschaft mit Gott vertrauen Menschen einander, teilen sie ihre Ressourcen, finden sie eine andere Art des Umgangs miteinander als den, den „diese" Welt der Konkurrenz und der Angst voreinander ihnen anbietet.
Man kann die Kirchengeschichte unter der Frage lesen, welche dieser drei Funktionen einer bestimmten Zeit am wichtigsten waren und welche vernachlässigt wurden. Wir können auch unsere eigenen Kirchenerfahrungen anhand dieser drei Dimensionen durchdenken:
Wo ist mir Kerygma begegnet, wo habe ich etwas für mein Leben gelernt? Wo ist mir Diakonia lebendig geworden, wo ist mir geholfen worden und wo wurde ich gebraucht? Wo ist mir Koinonia begegnet, wo war ich getragen und fühlte mich „drin"? *Dorothee Sölle*

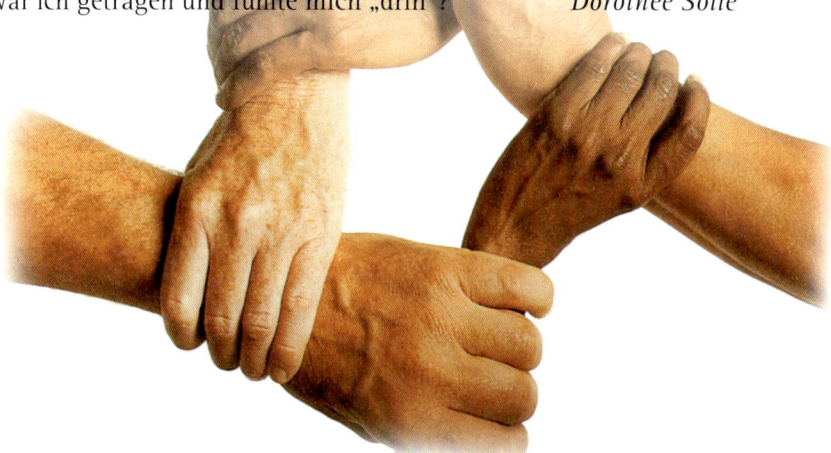

Hanna Varghese, 1995

Informiertes Beten – Betendes Handeln

In 170 Ländern der Erde wird am ersten Freitag im März der gleiche Gottesdienst zum *Weltgebetstag der Frauen* gefeiert. Überall laden Frauen aller Konfessionen ein, mit ihnen diesen Tag zu begehen. Jede Gemeinde reiht sich ein in die Kette derer, die die Botschaft und Anliegen von Frauen weltweit zu Gehör bringen. Inzwischen ist der Weltgebetstag zur größten ökumenischen Bewegung von Frauen geworden. Die Gottesdienste leben von der intensiven, kreativen Vorbereitung und der lebendigen Gestaltung, wie sie inzwischen an vielen Orten geschieht. Die Einbettung eines biblischen Textes in den Gottesdienst wird ebenso bedacht wie die Frage nach dem jeweils besonderen Verständnis des Textes. Speisen und Musik vermitteln auch sinnliche Eindrücke einer fernen Welt.

Informiertes Beten und vom Gebet durchdrungenes Handeln kennzeichnen die Weltgebetstagsbewegung. Handeln rund um den Weltgebetstag hat viele Aspekte. Einer davon ist die materielle Hilfe, die durch die Weltgebetstagskollekte Frauenprojekten in der ganzen Welt zugute kommt. Für viele Frauen, die durch den Weltgebetstag unterstützt werden, ist diese konkrete Hilfe ein Zeichen der Hoffnung, das ihnen Mut gibt, selbst einen Weg zur Verbesserung ihrer Lebenssituation zu suchen und ihn zu gehen.

Miteinander unterwegs sein

Mein Vater starb, als ich sieben war. Meine Kindheit war sehr hart: Wir waren zehn Geschwister und mussten schon als Kinder auf den Baumwollfeldern arbeiten. Mit 14 heiratete ich und bekam mit 15 mein erstes Kind. Die Geburt war so schrecklich, dass ich keine Kinder mehr haben wollte, aber ich wusste nichts von Verhütungsmitteln und wurde deswegen noch zwei Mal schwanger. So lief mein Leben weiter, bis ich mich 1991 mit anderen Frauen im Frauenzentrum Xochitl-Acalt als Mitglied des Frauenrates organisierte. Am Anfang war es für mich sehr schwierig, weil es meinem Mann nicht gefiel, aber durch die Treffen im Zentrum und unsere gemeinsamen Gespräche wurde ich immer wacher und fühlte mich von den anderen unterstützt, sodass ich mich für meine Rechte als Frau einsetzen konnte. Es war nicht einfach, aber inzwischen macht mein Mann die Tür der Wohnung zu, nicht um mich nicht rausgehen zu lassen, sondern damit die Leute ihn nicht bei der Hausarbeit sehen.

Socorro, 37 Jahre (Nicaragua)

Lernen fürs Leben

Experten interviewen

Informationen aus erster Hand in den Unterricht einzubeziehen, ist gar nicht so schwierig. Und es bringt eine Menge Durchblick …

- **1. Schritt.** Ich erkundige mich in meiner Gemeinde/der Nachbargemeinde meiner Schule (am besten über das Pfarrbüro) nach Frauen, die leitende Funktionen oder Ämter innehaben. – Ich nehme Kontakt zu den Personen auf. Dabei stelle ich mich höflich vor und informiere die Interviewpartnerin genau über mein Anliegen. – Ich vereinbare einen Besuchstermin, an dem ich das Interview durchführen kann.

- **2. Schritt.** Dann bereite ich zusammen mit meiner Klasse das Gespräch vor: Es werden Fragen gesammelt, die alle interessieren. Sie sollten offen genug formuliert sein, um die Gesprächspartnerin anzuregen, sich ausführlich zu äußern. – Wir überprüfen gemeinsam, ob die formulierten Fragen genau zu dem passen, was wir wissen möchten. – Wir klären unsere Rollen: Interviewer, Beobachter, Schreiber, Fotograf. – Wir planen, wie wir das Gespräch aufzeichnen: auf Tonträger, per Video/Digital-Kamera, in schriftlicher Form?

- **3. Schritt.** Wir fragen nach, ob wir das Gespräch aufzeichnen dürfen, und informieren über die Verwendung der Inhalte. – Wenn wir etwas nicht verstanden haben, fragen wir nach. – Wenn wir alle unsere Fragen gestellt haben, beenden wir das Gespräch und bedanken uns.

- **4. Schritt.** Wir sichten die Ergebnisse: Was hat am meisten beeindruckt, was war neu, welche Fragen blieben offen? – Wir verschriftlichen die Ergebnisse/sichten das Foto-/Filmmaterial und stellen alle Informationen zu einer Präsentation für die Klasse zusammen. – Wir lassen der Interviewpartnerin ein Ergebnispapier, verbunden mit einem Dankeschön, zur Korrektur zukommen und beziehen eventuelle Wünsche ein.

Aufgaben – Impulse – Projektideen

■ 77 BILD: ▶Recherchiere im Internet: Was verbindet die drei abgebildeten Frauen? ▶▶Zeichnet groß auf die Rückseite einer Tapete den Umriss von Deutschland; zeichnet die evangelisch-lutherischen Landeskirchen ein. Wo sind die Bischofssitze? Wo gibt es weibliche Bischöfe?

■ 78 BILD: ▶Beschreibe die große Bildfigur. ▶Bitte einen Lateinlehrer/eine Lateinlehrerin, den Spruch zu entziffern. ▶▶Erarbeitet zu zweit den Bildhintergrund; beschreibt den Inhalt der dargestellten Szenen.

■ 79 MIRJAM: ▶Unterteile die Erzählung in Sinnabschnitte und finde Überschriften. ▶Ermittle aus dem Text, wie Mirjam von den anderen Leuten eingeschätzt wird. ▶▶Zu zweit: Stellt Mirjams Eigenarten zusammen, belegt sie mit Zitaten aus dem Text. ▶▶Gestaltet Mirjams „Vorher und Nachher" – mit Worten, Gesten oder im Bild.

■ 80 ERSCHEINUNG JESU: ▶Bestimme die handelnden Personen. ▶Beschreibe das Erlebnis aus Marias Sicht. ▶▶ „Halte mich nicht fest" – Überlegt zu zweit, was das bedeuten kann und wie ihr der Klasse euer Ergebnis präsentieren wollt.

■ 80 BEGEGNUNG: ▶▶„Halte mich nicht fest"/ „Rühr mich nicht an" – erarbeitet, wie das hier verstanden wird, und vergleicht mit euren eigenen Deutungen des Satzes im Johannes-Text.

■ 81 BILD: ▶Zeichne das Bild in Umrissen ab; erkläre anhand deiner Kopie, was für dich die Botschaft des Bildes ist und wie sie vermittelt wird.

■ 82 FRAUEN: ▶Finde und nenne den Widerspruch, der zwischen den beiden Texten besteht.

■ 82 BILD: ▶▶Zu zweit: Beschreibt euch gegenseitig Formen, Farben und die Bedeutung der Hände auf dem Bild. Schlagt einen Titel vor. ▶Zu welchem der beiden Texte passt das Bild? Begründe.

83 ... SOLLEN SCHWEIGEN: ▶Beschreibe die im Text dargestellte Situation. ▶Charakterisiere Chloe. ▶Stelle die Argumente zusammen, die Chloe im Streitgespräch mit Gajus und Erastus benutzt.

84 AUFBRUCH: ▶Beschreibe den Weg, den die beiden Frauen zurücklegen. Male ihn aus: Wie ist die Gegend? Was haben sie an? Was haben sie mitgenommen? ▶▶In Kleingruppen: Vertont diese Textszene, sodass eine Hörspielszene entsteht.

85 BILD: ▶Schreibe auf, was dir an dem Bild auffällt. ▶Beschreibe die Szene – aus Sicht der Frau in der Mitte, - aus Sicht eines Zeugen am Rand. ▶▶In Kleingruppen: Bereitet eine Präsentation über Elisabeth von Thüringen vor. Ordnet dabei das Bild in ihren Lebenslauf ein.

86 BILD: ▶Finde einen Weg, Titel und Bild zusammenzubringen. Trage deine Deutung in der Klasse vor.

87 WIR ABER: ▶Nenne je ein Beispiel für die drei genannten Tätigkeitsbereiche der Kirche. ▶▶Stellt ein Poster oder eine Dokumentation zusammen: Dorothee Sölle – eine, die Leben in die Kirche brachte!

89 BILD: ▶▶Stellt das Bild nach. Dokumentiert eure Versuche mit einer Digitalkamera.

89 INFORMIERTES BETEN: ▶Stelle die Informationen des Textes in einem Schaubild zusammen. ▶▶Erörtert – in wechselnden Gruppen (pair – share) – den Zusammenhang zwischen Beten und Handeln. ▶Deute das Logo des Weltgebetstags.

90: ▶▶Informiert euch über ein weiteres Projekt des Weltgebetstages. Stellt Informationen zusammen und gestaltet eine Info-Wand (www.weltgebetstag.de)

Entdeckt, verstanden, gestaltet

Frauen der Kirche – Maria, Lydia und Margot Käßmann

Ich kenne	■ die Bedeutung des Bischofsamts in der evangelischen Kirche
und kann	■ über die Aufgaben, die ein Bischof/eine Bischöfin innerhalb der Kirche hat, berichten.
Ich kann	■ beschreiben und begründen, inwieweit die ersten Frauen im Bischofsamt Aufsehen erregt haben.
Ich kann	■ Frauen des Neuen Testaments als Vorbilder für heutige Frauen beschreiben und darstellen.
Ich kenne	■ die Verwirrungen um Maria Magdalena
und kann	■ ihren Lebensweg darstellen.
Ich kann	■ die Situation von Frauen zur Zeit Jesu beschreiben.
Ich weiß,	■ dass für Jesus Frauen und Männer gleichgestellt waren und dass Frauen eine wichtige Rolle bei der Verkündigung der Auferstehung Jesu hatten.
Ich weiß,	■ dass Frauen in den ersten Gemeinden tragende Aufgaben übernommen haben, dass sie aber im Laufe der ersten Jahrhunderte n. Chr. in den Hintergrund gedrängt wurden.
Ich kenne	■ die Geschichte der Elisabeth von Thüringen
und kann	■ von Stationen ihres Lebens erzählen.
Ich kann	■ die Bedeutung gemeinsamen Handelns von Frauen weltweit erläutern
und kenne	■ Frauen in meinem Umfeld, die sich aktiv an der Gestaltung kirchlichen Lebens beteiligen.
Ich weiß	■ von Dorothee Sölles Bedeutung für die moderne Theologie und für die Gleichstellung von Frauen in Kirche und Alltag.
Ich weiß,	■ dass in der evangelischen Kirche Männer und Frauen gleiche Rechte und Pflichten haben und kirchliches Leben gemeinsam und gleichberechtigt gestalten.

Andere Erfahrungen – andere Religionen: Der Islam

Raschid ad-Din Fadlallah, 1307

Gott im Koran

Koranhandschrift: Sure 2,198-202, Kairuan/Tunesien, 9. Jh

Und Wir sandten hinab zu dir das Buch in Wahrheit, bestätigend, was ihm an Schriften vorausging, und Amen darüber sprechend.

Koran: Sure 5,48

Sprich: Gott ist Einer
Ein ewig reiner,
Hat nicht gezeugt
und ihn gezeugt hat keiner
Und nicht ihm gleich ist einer.

Koran: Sure 112

Gott ist es, der euch die Nacht gemacht hat, damit ihr in ihr ruht, und den Tag, an dem man sehen kann. Gott ist voller Huld gegen die Menschen. Aber die meisten Menschen sind nicht dankbar.
So ist Gott, euer Herr, der Schöpfer aller Dinge. Es gibt keinen Gott außer Ihm. Wie leicht lasst ihr euch doch abwenden!
Gott ist es, der euch die Erde zu einem festen Grund und den Himmel zu einem Bau gemacht, euch gestaltet und eure Gestalten schön geformt und euch von den köstlichen Dingen beschert hat. So ist Gott, euer Herr. Gesegnet sei Gott, der Herr der Welten!

Koran: Sure 40,61-62.64

Euer Herr ist Gott, der Himmel und Erde in sechs Tagen geschaffen und sich daraufhin auf dem Thron zurechtgesetzt hat. Er lässt die Nacht über den Tag kommen, wobei sie ihn eilends (einzuholen) sucht. Und (er hat) die Sonne, den Mond und die Sterne (geschaffen), und sie dabei durch seinen Befehl in den Dienst gestellt. Steht nicht ihm (allein) die Erschaffung (der Welt) und der Befehl (über sie) zu?

Koran: Sure 7,54

Abraham im Koran

Und als Abraham zu seinem Vater Azar sagte: „Nimmst du dir denn Götzen zu Göttern? Ich sehe dich und dein Volk in einem offenkundigen Irrtum." Und so zeigten Wir Abraham das Reich der Himmel und der Erde, damit er einer von denen sei, die Gewissheit hegen.
Als nun die Nacht ihn umhüllte, sah er einen Stern. Er sagte: „Das ist mein Herr." Als der aber verschwand, sagte er: „Ich liebe die nicht, die verschwinden." Als er dann den Mond aufgehen sah, sagte er: „Das ist mein Herr." Als der aber verschwand, sagte er: „Wenn mein Gott mich nicht recht leitet, werde ich gewiss zu den abgeirrten Leuten gehören." Als er dann die Sonne aufgehen sah, sagte er: „Das ist mein Herr. Das ist ja größer." Als sie aber verschwand, sagte er: „O mein Volk, ich bin unschuldig an dem, was ihr (Gott) beigesellt. Ich richte mein Gesicht zu dem, der die Himmel und die Erde erschaffen hat, als Anhänger des reinen Glaubens, und ich gehöre nicht zu den Polytheisten."

Koran: Sure 6,74-79

Und wir haben zuvor Abraham zu seinem rechten Verhalten geleitet. Und Wir wussten über ihn Bescheid. Als er zu seinem Vater und seinem Volk sagte: „Was sind das für Bildwerke, die ihr verehrt?" Sie sagten: „Wir fanden, dass bereits unsere Väter ihnen dienten." Als er sagte: „Ihr und eure Väter befindet euch in einem offenkundigen Irrtum", sagten sie: „Bringst du uns die Wahrheit oder gehörst du zu denen, die ihr Spiel treiben?" Er sagte: „Nein, euer Herr ist der Herr der Himmel und der Erde, der sie erschaffen hat. Und ich bin einer von denen, die euch das bezeugen. Und bei Gott, ich werde gegen eure Götter mit einer List vorgehen, nachdem ihr den Rücken gekehrt habt." Da schlug er sie in Stücke, außer einem großen unter ihnen, auf dass sie sich zu ihm wandten. Sie sagten: „Wer hat dies mit unseren Göttern getan? Wahrlich, er gehört zu denen, die Unrecht tun." Sie sagten: „Wir hörten einen Jüngling von ihnen sprechen; man nennt ihn Abraham." Sie sagten: „Bringt ihn her vor den Augen der Menschen. Vielleicht bezeugen sie es." Sie sagten: „Hast du dies mit unseren Göttern getan, o Abraham?" Er sagte: „Nein, getan hat das dieser da, der Größte unter ihnen. Fragt sie, so sie reden können." Er sagte: „Ihr seid ja die, die Unrecht tun." Dann machten sie eine Kehrtwende: „Du weißt doch, dass diese nicht reden können." Er sagte: „Wie könnt ihr an Stelle Gottes das verehren, was euch nichts nützt und nichts schaden kann? Pfui über euch und über das, was ihr an Stelle Gottes verehrt! Habt ihr denn keinen Verstand?" Sie sagten: „Verbrennt ihn und helft euren Göttern, so ihr etwas tun wollt." Wir sprachen: „O Feuer, sei kühl und harmlos gegen Abraham."

Koran: Sure 21,51-73

The Story of Prophet Ibrahim (Arabic)

– The program displays events and situations related to the Prophets Ibrahim, Isma'il, Ishaq and Lut (peace be upon them) in Babel with the company of Rashid. Focus is made on Prophet Ibrahim's call to his father to abandon idolatry and to worship Allah alone. The program relates how Prophet Ibrahim broke all the idols, except the biggest one among them ...

– The program further features Prophet Ibrahim's story with King Al-Numrud, Prophet Ibrahim's contemplation in stars and planets and in Allah's creation, in his pursuit to reach the truth of his Lord. The stories of the Four Birds, the King of Egypt with Sarrah, Prophet Ibrahim's wife, the Well of Zamzam, Allah's command to Prophet Ibrahim to slaughter his son Prophet Isma'il, as well as Raising the Foundations of the Ka'bah are all mentioned in the program ...

– The program is legally approved by Al-Azhar.

Der Prophet Mohammed

Jedes Jahr zog sich der Prophet im Monat Ramadan in die Einsamkeit zurück, um zu beten und die Armen zu speisen, die zu ihm kamen. Immer wenn er am Ende des Monats nach Mekka zurückkehrte, begab er sich zuerst zur Kaaba und umschritt sie sieben oder mehr Male. Erst dann ging er nach Hause. Auch in jenem Jahr, in dem Er ihn sandte, zog Mohammed wieder mit seiner Familie nach dem Berg Hira, um sich in der Einsamkeit dem Gebet zu widmen. Und in jener Nacht, in der Gott ihn durch die Sendung auszeichnete und sich damit der Menschen erbarmte, kam Gabriel zu ihm.
Als ich schlief, so erzählte der Prophet später, trat der Engel Gabriel zu mir mit einem Tuch wie aus Brokat, worauf etwas geschrieben stand, und sprach: „Lies!" „Ich kann nicht lesen", erwiderte ich. Da presste er das Tuch auf mich, so dass ich dachte, es wäre mein Tod. Dann ließ er mich los und sagte wieder: „Lies!" „Ich kann nicht lesen", antwortete ich. Und wieder würgte er mich mit dem Tuch, dass ich dachte, ich müsste sterben. Und als er mich freigab, befahl er erneut: „Lies!" Und zum dritten Male antwortete ich: „Ich kann nicht lesen." Als er mich dann nochmals fast zu Tode würgte und mir wieder zu lesen befahl, fragte ich aus Angst, er könnte es nochmals tun: „Was soll ich lesen?" Da sprach er:

„Lies im Namen deines Herrn, des Schöpfers, der den Menschen erschuf aus geronnenem Blut! Lies! Und der Edelmütigste ist dein Herr, Er, der das Schreibrohr zu brauchen lehrte, der die Menschen lehrte, was sie nicht wussten."
(Koran: Sure 96,1-5)

Ich wiederholte die Worte, und als ich geendet hatte, entfernte er sich von mir. Ich aber erwachte und es war mir, als wären mir die Worte ins Herz geschrieben...
Khadidscha sandte inzwischen ihre Boten aus, um nach mir zu suchen, doch kehrten sie erfolglos zurück, nachdem sie bis oberhalb von Mekka gelangt waren. Schließlich wich die Erscheinung von mir und ich machte mich auf den Rückweg zu meiner Familie. Ich kam zu Khadidscha, setzte mich an ihre Seite und schmiegte mich eng an sie: „Abu l-Qasim", fragte sie mich, „wo bist du gewesen? Bei Gott, ich habe meine Boten ausgesandt, um dich zu suchen." Ich erzählte ihr, was ich gesehen hatte. Da rief sie aus: „Freue dich, Sohn meines Oheims, und sei standhaft! Bei Dem, in Dessen Hand meine Seele liegt, wahrlich, ich hoffe, du wirst der Prophet dieses Volkes sein."
Nach dem Erlebnis auf dem Berg Hira kamen die Offenbarungen regelmäßig zu Mohammed. Er glaubte an Gott und an das, was ihn von Ihm erreichte.

Ibn Ishaq

Der Berg Hira

Mohammed als Politiker

Nach der Eroberung Mekkas, dem Zug nach Tabuk (byzantinische Stadt) und der Bekehrung und Huldigung der Thaqif (arabischer Stamm) kamen von überall her die Gesandtschaften der arabischen Stämme zu ihm. Die Araber hatten mit ihrer Entscheidung für oder gegen den Islam gewartet, bis sie sahen, was mit den Quraish (Bewohner von Mekka) und dem Propheten geschehen würde. Die Quraish waren nämlich ihrer aller Führer und Leiter, die Hüter des Heiligtums und die reinen Nachkommen von Abrahams Sohn Ismail; und die Stammesführer der Araber bestritten dies nicht. Es waren nun die Quraish gewesen, die dem Propheten den Krieg erklärt und sich ihm widersetzt hatten. Nachdem aber Mekka erobert worden war, die Quraish sich dem Propheten und dem Islam unterworfen hatten und die anderen Araber erkannten, dass sie nicht die Macht besaßen, den Propheten zu bekriegen und zu befeinden, kamen sie von überall her zu ihm und nahmen, wie Gott sagte – „in Scharen" den Islam an.

Ibn Ishaq

Und streitet mit den Leuten des Buches nur auf die beste Art, mit Ausnahme derer von ihnen, die Unrecht tun. Und sagt: „Wir glauben an das, was zu uns herabgesandt und zu euch herabgesandt wurde. Unser Gott und euer Gott ist einer. Und wir sind ihm ergeben."

Koran: Sure 29,46

Türkische Miniatur, 16. Jh.

Jerusalem in islamischer Sicht

Dem Propheten wurde Buraq gebracht. Dies ist das Reittier, auf dem auch die Propheten vor ihm geritten waren und das seinen Huf bei jedem Schritt so weit setzt, wie sein Blick reicht. Er wurde auf das Reittier gehobe, und Gabriel begleitete ihn, wobei er die Wunder zwischen Himmel und Erde sah, bis er nach Jerusalem gelangte. Dort traf er Gottes Freund Abraham, Moses und Jesus inmitten anderer Propheten, die sich für ihn versammelt hatten, und betete mit ihnen. Dann wurden ihm drei Gefäße gebracht, das eine mit Milch, das zweite mit Wein und das dritte mit Wasser.

„Dabei hörte ich eine Stimme", so berichtet Mohammed selbst, „die sagte: ‚Wenn er das Wasser nimmt, wird er in die Irre gehen und ebenso sein Volk; wenn er den Wein nimmt, wird er in die Irre gehen und ebenso sein Volk; wenn er die Milch nimmt, wird er rechtgeleitet werden und ebenso sein Volk.' Da ergriff ich das Gefäß mit der Milch und trank davon, worauf Gabriel zu mir sprach: ‚Mohammed, du bist rechtgeleitet und ebenso dein Volk.'"

Nachdem ich in Jerusalem gebetet hatte, wurde mir eine Leiter gebracht, so schön, wie ich noch nie etwas gesehen hatte. Es war die Leiter, auf die die Todgeweihten ihre Augen richten, wenn das Ende naht. Gabriel ließ mich auf ihr hinaufsteigen, bis er mich zu einem der Himmelstore brachte, das man das Hütertor nennt. ... *Ibn Ishaq*

Am Yaum-ad-Din, dem Jüngsten Tag, wird die Kaaba nicht mehr in Mekka stehen. Gott bringt sie dann nach Jerusalem. Sonne und Mond werden sich verfinstern und die Toten werden aus ihren Gräbern auferstehen. Wie Brüder werden Abraham, Mose, Jesus und Mohammed am Tempelberg die Menschen erwarten, die auf einer Brücke – dünner als Menschenhaar und scharf wie ein Schwert – über den Abgrund des Kidrontals auf die offenen Tore von Himmel und Hölle zugehen, denn hier in Jerusalem ist der Ort des Gerichts, hier steht die Waage der Gerechtigkeit, auf der jeder sich wiegen lassen muss.

Nach einer mittelalterlichen Legende

Das Innere des Felsendoms in Jerusalem

Mekka – Mittelpunkt der islamischen Welt

Die Kaaba

Aufbruch zur Pilgerfahrt

Wenn der Neumond des Schawwal, des zehnten Monats unseres Kalenders, sichtbar wird, sehnen wir Muslime uns voll Inbrunst, dem Ruf Gottes zu folgen und den Hadsch, die große Pilgerfahrt, anzutreten. Gott hat sie nur denjenigen zur Pflicht gemacht, die materiell und körperlich dazu in der Lage sind.

Nachdem ich den festen Entschluss gefasst habe, den Hadsch in diesem Jahr anzutreten, verlasse ich das Haus. Familienmitglieder und Freunde versammeln sich. Alle sind von größtem Glück erfüllt, ihre Herzen voller guter Wünsche für meine bevorstehende Reise …

Indem ich, wie alle Pilger, zu Beginn der Reise den ganzen Körper wasche und einfache weiße Kleidung anlege, löse ich mich von den äußeren, materiellen Erscheinungen der Welt. Damit trete ich in einen besonderen Weihezustand ein. Rund um die Heiligen Stätten gibt es dafür festgelegte Orte.

Als Frau trage ich ein langes weites Kleid und bedecke mein Haar mit einem Tuch. Die Kleidung des Mannes besteht aus zwei weißen Tüchern, von denen er sich eins um die Taille, das andere um die Brust und die rechte Schulter bindet. Diese in Form und Farbe gleiche Bekleidung vermittelt uns ein Gefühl davon, dass alle Menschen vor Gott gleich sind. Was für ein großartiger Anblick ist es, Reiche und Hochstehende auf gleicher Stufe mit armen und einfachen Menschen zu sehen! Die Seelen der Armen werden aufgerichtet, indem ihnen Stolz und Würde gegeben werden. Innere Ruhe und Vertrauen in die Gerechtigkeit des Himmels werden gefestigt.

Sobald wir Mekka erreicht haben, begeben wir uns zur Kaaba und umrunden sie siebenmal – das gilt als „Begrüßung der Kaaba". Am neunten Tag des Monats Dhu al-Hidschra, nachdem wir andere festgelegte Riten ausgeführt haben, gehen wir zum Berg Arafa außerhalb von Mekka. Dort versammeln sich dann alle Pilger … Der Zweck besteht darin, dass alle Pilger gleichzeitig am selben Ort und in derselben Situation sind. So sind wir alle auch im Herzen vereint, unsere Orientierung dieselbe: Während unsere Bittgebete zum Himmel emporsteigen, sind wir alle allein Gott zugewandt. „Hier bin ich, Gott, Dir zu Diensten!", so ruft jeder von uns immer wieder, „Dir allein gebühren Lob und Ehre. Es gibt keinen Gott außer Dir!"

Azza Ahmed

Als Muslim in der modernen Welt

Ich bin in der Türkei aufgewachsen, in der 6. Klasse in Berlin eingeschult worden und musste erst mal Deutsch lernen. Manchmal weiß ich nicht, ob ich Türke oder Deutscher bin. Mein Vater hat darauf bestanden, dass ich aufs Gymnasium gehe. Ich habe viel Sport gemacht und spiele auch Theater, das gibt Selbstbewusstsein. Ich habe den Koran gelesen, gehe auch in die Moschee und trinke keinen Alkohol. Mein Glaube gibt mir das Gefühl, am Leben zu bleiben. Ich würde auch eine Deutsche heiraten, aber sie müsste den Glauben wechseln. Das Mädchen muss sauber und Jungfrau sein, sie ist kein Möbelstück, das man benutzt und wegschmeißt. *Fatih Bayram, 21, Schüler*

Ich bin das Oberhaupt der Familie, was ich sage, müssen alle machen. Morgens, mittags und abends muss gebetet werden. Fernsehen, Radio, Kino oder eine Freundin oder Theater spielen sind nicht gut, das lenkt Fatih vom Lernen und Beten ab. Dann wird er vielleicht nicht mehr Professor und auch nicht Rechtsanwalt.

Avni Bayram, 58, Zimmermann

Nizahad und Gülin

„Hier bin ich freier als in der Türkei", sagt Nizahad zu ihren Freundinnen, „denn dort darf ich nicht mit dem Kopftuch zur Schule gehen." Nizahad lebt seit 15 Jahren in Deutschland und sie lebt gern hier. Sie weiß, dass ihr Kopftuch den Deutschen nicht immer gefällt: „Als Muslimin ohne Kopftuch wird man eher akzeptiert." Doch die Gesetze der Bundesrepublik erlauben ihr, was die Regeln des säkularen türkischen Staates verbieten: sich auch in der Schule den islamischen Vorschriften gemäß zu kleiden. Nizahad macht ihr Abitur und will später studieren. Sie bezeichnet sich als eine überzeugte Muslimin. Die Religion gibt ihr Orientierung und Kraft, Hoffnung und Lebenshilfe. Den Islam hat sie in ihrer Familie kennen gelernt. Schon als Kind hat sie ihre Eltern beim Beten und beim Erfüllen der islamischen Pflichten beobachtet. Ihr Interesse an der Religion ist dadurch geweckt worden. Nizahad sagt, sie wollte sein wie ihre Eltern und mehr über dieses „Geheimnis" des Glaubens wissen.

Als sie zwölf war, wurde sie in die Moschee geschickt, weil sie dort eine „Koranschule" besuchen konnte. Nach und nach hat die Religion an Bedeutung in ihrem Leben gewonnen. Irgendwann hat sie sich für das Kopftuch entschieden: „Ich glaube an den Islam und den Koran, deshalb muss ich mich auch an meine Pflichten halten. Und das Kopftuch ist ein Teil meiner Pflichten."

Als Nizahad sich bei einem Arzt als Praktikantin beworben hat, wurde sie zunächst angenommen, dann aber entlassen, weil sie ihr Kopftuch bei der Arbeit nicht abnehmen wollte. Sie kann viele Berufe nicht ausüben – fast alle, bei denen sie direkt mit Kunden zu tun hat. Eine verschleierte Verkäuferin im Modegeschäft? Undenkbar! Nizahad ist bereit, alle diese Nachteile in Kauf zu nehmen. Der Islam spielt in ihrem Alltagsleben die wichtigere Rolle: „Der Islam enthält eigentlich alles, sowohl weltliche als auch religiöse Dinge. Der Islam sagt nicht nur, dass man beten soll, sondern auch, wie man mit Menschen, Tieren und der Umwelt umgehen soll." –

Auch Gülins Eltern kommen aus der Türkei. Sie selbst ist in Deutschland geboren und aufgewachsen. Auch Gülin ist gläubig, bekennt sich zum Islam. Sich an alle Vorschriften der Religion zu halten, dazu ist sie jedoch nicht bereit. Sie weigert sich strikt, ein Kopftuch zu tragen, obwohl ihr Vater das sehr gern sähe. Gülin hält das nicht für notwendig: „Man muss von innen her vom Glauben überzeugt sein. Mich zu verhüllen, das fände ich übertrieben."

Ihr Leben in Deutschland findet sie in Bezug auf ihre Religion problemlos. Aber eine Beobachtung hat sie gemacht: Je mehr Ablehnung Gülin hier erfährt, desto stärker fühlt sie sich zum Islam hingezogen. In ihm sieht sie einen Teil ihrer Kultur, „denn die Moschee bietet mir dann ein Stück wiedergefundene Heimat."

Sarah Mazloumsaki / Gerd Becker

Die Fünf Säulen des Islam

Ich gebe keine Zekat. Meine Tante in Konya tut das in meinem Namen. Dafür bringe ich ihr Sachen aus Deutschland mit, wenn ich in die Türkei fliege. Zunächst soll man seine Verwandten unterstützen, die es nötig haben. Meine Tante unterstützt meinen Vetter, denn der verdient nicht so viel. „Hier hast du etwas geschenkt", sagt sie. Auch in ihrer Siedlung, da gibt es viele, die sind vom Land zugewandert, oder nach dem Erdbeben. Von wem sie weiß, dem gibt sie.
Meine Schwester in Ankara spendet für Waisenhäuser und für Straßenkinder. Für Schule und für Schulbücher. Neulich hat mein Schwager viele Bilder verkauft nach einer Ausstellung. Er hat alles für die Straßenkinder überwiesen, nicht mal für Material hat er Geld behalten. Manche geben auch Geld für die Moschee, das finde ich nicht so gut, wer weiß, was die damit machen. Am Ende des Ramadan überweisen viele, da sind die Banken voll. Keiner redet viel über Zekat, am besten ist, man bleibt anonym. *Zekiye, Hannover*

Lernen fürs Leben

Gotteshäuser besuchen

Der Besuch einer Kirche, Moschee, Synagoge oder – in größeren Städten – eines Hindu-Tempels oder einer buddhistischen Pagode ermöglicht den Zugang zu einer Religion mit allen Sinnen. Dies gilt besonders, wenn man an einem Gottesdienst teilnehmen kann oder von einem Angehörigen der jeweiligen Religionsgemeinschaft geführt wird.

- *Vorbereitung.* Wir sehen in Telefonbuch oder Internet nach oder fragen Mitschüler der jeweiligen Religion. Wenn wir zum Beispiel einen Moschee-Besuch planen, ist es wichtig, vorab herauszufinden, zu welcher Glaubensrichtung die ausgewählte Moschee gehört.

- *Ankommen.* Wir fragen nach und halten uns an die „Kleiderordnung": Zum Beispiel darf der Boden einer Moschee nicht mit Schuhen betreten werden; u.U. wird man darauf hingewiesen, sich vor dem Eintritt rituell zu waschen. Respektvoller Umgang mit dem heiligen Raum und den Gläubigen (kein Umherlaufen, kein lautes Reden, keine Fotos von Menschen, keine abfälligen Bemerkungen) versteht sich von selbst.

- *Die erste Begegnung.* Bei einem Rundgang außen oder innen lasse ich das Gebäude auf mich wirken. Ich schreibe persönliche erste Eindrücke auf und überlege, wie sie zu dem passen, was ich schon über die Religion weiß.

- *Vertiefung.* Ich kann gezielt nach Elementen suchen, die es in (fast) jeder Moschee gibt: Brunnen, Minarett, Gebetsnische (Mihrab), Kanzel (Minbar), Koranständer (Rahla), Bilderlosigkeit, Ornamente und Schriftzeichen. – Kleine Zeichnungen (Grundriss, Skizzen interessanter Einzelheiten) oder Fotos helfen bei einer späteren Präsentation oder einem Exkursionsbericht. – Vor dem Besuch gesammelte Fragen können Anlass für weitere gezielte Beobachtungen im Gottesdienst oder für Fragen an den Führer sein.

Aufgaben – Impulse – Projektideen

- **95 BILD:** ▶Beschreibe die Personen. ▶Denke dir eine Geschichte zu dem Bild aus.

- **96 HANDSCHRIFT:** ▶Beschreibe die Wirkung der Farben und Schriftzeichen auf dich. ▶Vergleiche das Bild mit dem Fresko des Meisters von Tahull auf Seite 45.

- **97 SUREN:** ▶Schreibe auf, welche Eigenschaften Gott nach islamischer Vorstellung hat. ▶Ergänze mithilfe der Texte: „Gott zeigt sich den Menschen …", „Gott entzieht sich den Menschen". ▶▶Gestaltet mit Bibelversen und Bildern eine Doppelseite „Gott im Christentum".

- **98 ABRAHAM:** ▶Lies genau: Schreibe heraus, aus welchen Gründen das Volk Sonne, Mond, Sterne und Bildwerke verehrt. ▶Schreibe heraus, wie Abraham Gott als den einzigen Gott erkennt. ▶▶Setzt die List Abrahams in Szene, mit der er das Volk von Allah überzeugen will. Benutzt dazu heutige Sprache.

- **99 THE STORY …:** ▶▶Übersetzt in Partnerarbeit die einzelnen Sätze des Textes (engl. Wörterbuch). ▶Zeichne das Bild ab und füge bei allen Personen Sprech- und Denkblasen hinzu. Zeichne weitere Szenen aus dem Ibrahim-Programm. ▶Entwirf einen islamischen Ibrahim-Steckbrief. ▶Entwirf eine Tabelle zu den einzelnen Personen in Koran und Bibel. ▶▶Gestaltet eine Gesprächsszene: Reise zum Grab Ibrahims in Hebron: Ein Christ, Jude, Moslem treffen sich im Hotel …

- **100/101 PROPHET:** ▶▶„Es war mir, als wären mir die Worte ins Herz geschrieben": Führt ein Schreibgespräch, indem ihr den Satz reihum mit eigenen Gedanken ergänzt. ▶▶Zu zweit: Entwickelt einen Dialog zwischen Mohammed und Khadidscha: „Hirngespinst oder Botschaft Gottes?" ▶Verfolge mit dem Finger den Weg der Pilger auf den Berg Hira. Formuliere die Gedanken der Pilger.

- **102 POLITIKER, TEXT 1:** ▶▶Zu zweit oder in Kleingruppen: Verfasst ein Rollenspiel „Versammlung der arabischen Stammesführer: Wollen wir den Islam annehmen oder nicht?" Führt euer Rollenspiel vor. ▶Bereite einen Kurzvortrag vor: „Verbreitung des Islam – von Mohammed bis heute."

■ 102 POLITIKER, TEXT 2: ▶Formuliere mit deinen eigenen Worten: Was sagt die Sure über die „Buch"-Religionen Judentum, Christentum und Islam?

■ 103 BILD: ▶Gib der Miniatur einen passenden Titel. ▶▶Zu zweit: Verfasst eine Geschichte, zu der die einzelnen Szenen passen könnten. ▶▶Diskutiert das Modell zur Lösung gesellschaftlicher und politischer Konflikte, das dieses Bild Muslimen nahelegt.

■ 104/5 JERUSALEM: ▶Lies den Text von Ibn Ishaq. Beschreibe, wie dort das Verhältnis von islamischem, jüdischem und christlichem Gott gesehen wird. ▶▶Al-Aqsa-Moschee und Felsendom wurden nach der Eroberung Jerusalems durch die Araber im 7. Jh. dort gebaut, wo früher der jüdische Tempel gestanden hatte. Diskutiert in der Klasse: „Jerusalem – Stadt des Friedens – Stadt des Streits?"

■ 106 KAABA: ▶▶Als Pilger endlich am Ziel: Sammelt in einem Schreibgespräch Gedanken, Empfindungen, Eindrücke eines dieser Menschen. ▶Schneide dir eine weiße Schablone von der Größe der Kaaba auf dem Bild. Beschreibe den Eindruck, der entsteht, wenn (durch Abdecken) das Zentrum des Bildes plötzlich leer wäre.

■ 107 AUFBRUCH: ▶▶Zu zweit: Zeichnet ein Weg-Bild zum Text. Versucht, dabei auch die „innere Bewegung" zu verdeutlichen, z.B. durch Farben, Denkblasen o.Ä.

■ 108/9 MUSLIM/MODERNE WELT: ▶Erläutere, was es für Fatih und Avni heißt, ein guter Muslim zu sein. Schildere mögliche Konflikte.

■ 110 FÜNF SÄULEN: ▶Informiere dich, z.B. im Internet, über die „Fünf Säulen des Islam." ▶Ordne Bildelemente und Text den Fünf Säulen zu. ▶▶Zu zweit: Gestaltet die „Fünf Säulen" einmal nicht als Säulen. Findet eine Darstellungsform, die deutlich macht, dass diese Regeln helfen sollen, das Leben sinnvoll zu gestalten. ▶Verfasse einen kurzen Text: Wie sollte ein Reicher mit seinem Reichtum umgehen? Lies dazu auch Lk 12,16–21; 8,18–27, Mt 25,31–46.

Entdeckt, verstanden, gestaltet

Islam – nah und fern

Ich kann	■ meine eigene Meinung zu islamischen Glaubensvorstellungen und Riten in einem Gespräch mit Christen und Muslimen sagen und begründen.
Ich weiß,	■ wie ich mich in einem islamischen Land respektvoll verhalte.
Ich kann	■ wichtige Begriffe, wie z.B. Koran, Sure, Moschee, Schura, Hadsch, Ramadan, Zakat, aus der Sicht eines Muslims erklären und sie mit christlichen Parallelen vergleichen.
Ich kenne	■ wichtige Stationen im Leben Mohammeds
und kann	■ den biografischen Hintergrund der Offenbarung des Korans erklären.
Ich kann	■ einen Dialog zwischen einem Christen und einem Muslim über Jesus und Mohammed schreiben oder gestalten.
Ich kann	■ die Fünf Säulen nennen und ihre Bedeutung für das Leben der Gläubigen erläutern.
Ich weiß,	■ wie Muslime in der Türkei, den arabischen Ländern und Deutschland leben (sollen),
und kann	■ Schwierigkeiten nennen, die es im Zusammenleben von Muslimen und Nicht-Muslimen geben kann.
Ich weiß,	■ welche Bedeutung Jerusalem für Muslime hat,
und kann	■ den Unterschied zwischen dem Felsendom und einer Moschee erklären.
Ich kann	■ Beispiele für gute Zusammenarbeit von Muslimen und Christen bei der Bewältigung gesellschaftlicher Probleme nennen.

Von Wundern erzählen

Sieger Köder, 1995

Wünsche

Wünsch dir was

Ich glaube, dass die Welt sich noch mal ändern wird
Und dann Gut über Böse siegt
Dass irgendjemand uns auf unser'n Wegen lenkt
Und unser Schicksal in die Hände nimmt

Ja, ich glaube an die Ewigkeit
Und dass jeder jedem mal vergibt
Alle werden wieder voreinander gleich
Jeder kriegt, was er verdient

Ich glaube, dass die Menschheit mal in Frieden lebt
Und es dann wahre Freundschaft gibt
Und der Planet der Liebe wird die Erde sein
Und die Sonne wird sich um uns drehn

    Das wird die Zeit, in der das Wünschen wieder hilft

Es wird einmal zu schön, um wahr zu sein
Habt ein letztes Mal Vertrau'n
Das Hier und Heute ist dann längst vorbei
Wie ein alter böser Traum

Es wird ein großer Sieg für die Gerechtigkeit
Für Anstand und Moral
Es wird die Wiederauferstehung vom heiligen Geist
Und die vom Weihnachtsmann

    Es kommt die Zeit, in der das Wünschen wieder hilft

Komm und wünsch dir was

Andreas Frege, alias „Campino"

Jesus heilt Kranke

AUS DEM EVANGELIAR DER HITDA VON MESCHEDE, UM 1000–1020

Und alsbald gingen sie aus der Synagoge und kamen in das Haus des Simon und Andreas mit Jakobus und Johannes. Und die Schwiegermutter Simons lag darnieder und hatte das Fieber; und alsbald sagten sie ihm von ihr.
Da trat er zu ihr, fasste sie bei der Hand und richtete sie auf; und das Fieber verließ sie und sie diente ihnen. *Mk 1,29-31*

Krabat und Tonda

Der Betteljunge Krabat ist in der Mühle am Koselbruch als Lehrling untergekommen. Tonda ist einer der elf Mühlknappen, die alle für den Meister arbeiten.

Für Krabat begann eine harte Zeit, der Meister hetzte ihn unbarmherzig zur Arbeit.
Die Mühle im Koselbruch mahlte Tag für Tag, werktags und sonntags, vom frühen Morgen an bis zum Einbruch der Dunkelheit. Nur einmal die Woche, am Freitag, machten die Mühlknappen früher Feierabend als sonst und samstags begannen sie mit der Arbeit zwei Stunden später.
Wenn Krabat nicht Korn schleppte oder Mehl siebte, musste er Holz spalten, Schnee räumen, Wasser zur Küche tragen, die Pferde striegeln, Mist aus dem Kuhstall karren – kurzum, es gab immer genug zu tun für ihn; und des Abends, wenn er dann auf dem Strohsack lag, war er wie gerädert. Das Kreuz tat ihm weh, die Haut an den Schultern war durchgescheuert, Arme und Beine schmerzten ihn, dass es kaum zu ertragen war.
Krabat bewunderte seine Mitgesellen. Das schwere Tagewerk auf der Mühle schien denen nichts auszumachen, keiner ermüdete, keiner klagte, keiner geriet bei der Arbeit in Schweiß oder außer Atem.
Eines Morgens war Krabat damit beschäftigt, den Zugang zum Brunnen freizuschaufeln. Vergangene Nacht über hatte es unablässig geschneit, der Wind hatte Wege und Stege zugeweht. Krabat musste die Zähne zusammenbeißen, bei jedem Schaufelwurf spürte er einen stechenden Schmerz im Kreuz. Da kam Tonda zu ihm heraus. Nachdem er sich vergewissert hatte, dass sie allein waren, legte er ihm die Hand auf die Schulter.
„Nicht aufgeben, Krabat…"
Da war es dem Jungen, als fließe ihm neue Kraft zu. Die Schmerzen waren wie weggeblasen, er packte die Schaufel und hätte mit Feuereifer drauflos geschippt, wäre Tonda ihm nicht in den Arm gefallen.
„Der Meister darf es nicht merken", bat er ihn.
„Ist gut", sagte Krabat und gab sich beim Weiterschaufeln den Anschein, als ob es ihn große Mühe und Überwindung kostete.
Von nun an kam Tonda öfters zu Krabat und legte ihm heimlich die Hand auf. Dann spürte der Junge, wie frische Kraft ihn durchdrang, und die Arbeit, so schwer sie auch sein mochte, ging ihm für eine Weile leicht von der Hand. *Otfried Preußler*

Abreise von Gleis neundreiviertel

Harry Potter wächst als Waise bei seinen Verwandten auf, die ihn schlecht behandeln. An seinem elften Geburtstag taucht plötzlich Hagrid auf, ein mit allerlei Zauberkünsten vertrauter riesenhafter Mann, der Harry mitteilt, dass er sich in Hogwart, einer Schule für Hexerei und Zauberei, einfinden soll. Er schenkt ihm die Eule Hedwig und eine Fahrkarte für einen Zug, der ihn in die Schule bringen und auf „Gleis neundreiviertel" abfahren soll. Die meisten Menschen wissen von den Zauberwesen nichts, während diese mit den Gewohnheiten der „Muggel", wie sie die gewöhnlichen Menschen nennen, gut vertraut sind.

Sie erreichten King's Cross um halb elf. Onkel Vernon packte Harrys Koffer auf einen Gepäckwagen und schob ihn in den Bahnhof. Harry fand dies ungewöhnlich freundlich von ihm, bis Onkel Vernon mit einem hässlichen Grinsen auf dem Gesicht vor den Bahnsteigen Halt machte.
„Nun, das war's, Junge. Gleis neun – Gleis zehn. Dein Gleis sollte irgendwo dazwischen liegen, aber sie haben es wohl noch nicht gebaut, oder?"
Natürlich hatte er vollkommen Recht. Über dem Bahnsteig hing auf der einen Seite die große Plastikziffer 9, über der anderen die große Plastikziffer 10, und dazwischen war nichts.
„Na dann, ein gutes Schuljahr", sagte Onkel Vernon mit einem noch hässlicheren Grinsen. Er verschwand, ohne ein weiteres Wort zu sagen. Harry wandte sich um und sah die Dursleys wegfahren. Alle drei lachten. Harrys Mund wurde ganz trocken. Was um Himmels willen sollte er tun? Schon richteten sich viele erstaunte Blicke auf ihn – wegen Hedwig.
Hagrid musste vergessen haben, ihm zu sagen, dass er etwas Bestimmtes tun sollte, so wie man auf den dritten Backstein zur Linken klopfen musste, um auf die Winkelgasse zu kommen. Sollte er vielleicht seinen Zauberstab herausholen und auf den Fahrkartenschalter zwischen Gleis neun und Gleis zehn klopfen?
In diesem Augenblick ging eine Gruppe von Menschen dicht hinter ihm vorbei und er schnappte ein paar Worte ihrer Unterhaltung auf:
„…voller Muggel, natürlich…"
Harry wandte sich rasch um. Gesprochen hatte eine kugelrunde Frau, um sie herum vier Jungen, allesamt mit flammend rotem Haar. Jeder der vier schob einen Koffer, so groß wie der Harrys, vor sich her – und sie hatten eine Eule dabei.

Harry beobachtet, wie sich die Söhne von ihrer Mutter verabschieden, auf die Absperrung vor Gleis neun und zehn zugehen und plötzlich verschwunden sind. Er fasst sich ein Herz und spricht die Frau an.

„Entschuldigen Sie", sagte Harry zu der rundlichen Frau. „Hallo, mein Junge", sagte sie. „Das erste Mal nach Hogwarts?"
„Ja", sagte Harry. „Die Sache ist die … ist nämlich die, ich weiß nicht, wie ich…"

„Wie du zum Gleis kommen sollst?", sagte sie freundlich und Harry nickte. „Keine Sorge", sagte sie. „Du läufst einfach schnurstracks auf die Absperrung vor dem Bahnsteig für die Gleise neun und zehn zu. Halt nicht an und hab keine Angst, du könntest dagegen knallen, das ist sehr wichtig. Wenn du nervös bist, dann renn lieber ein bisschen. Nun geh!"
„Ähm – ja", sagte Harry.
Er drehte seinen Gepäckwagen herum und blickte auf die Absperrung. Sie machte einen sehr stabilen Eindruck.
Langsam ging er auf sie zu. Menschen auf dem Weg zu den Gleisen neun oder zehn rempelten ihn an. Harry beschleunigte seine Schritte. Er würde direkt in diesen Fahrkartenschalter knallen und dann hätte er ein echtes Problem. Er lehnte sich, auf den Wagen gestützt, nach vorn und stürzte, nun schwer atmend, los – die Absperrung kam immer näher – anhalten konnte er nun nicht mehr – der Gepäckkarren war außer Kontrolle – noch ein halber Meter – er schloss die Augen, bereit zum Aufprall – nichts geschah – Harry rannte weiter – er öffnete die Augen.
Eine scharlachrote Dampflok stand an einem Bahnsteig bereit, die Wagons voller Menschen. Auf einem Schild über der Lok stand Hogwarts-Express, 11 Uhr. Harry warf einen Blick über die Schulter und sah an der Stelle, wo der Fahrkartenschalter gestanden hatte, ein schmiedeeisernes Tor und darauf die Worte Gleis neundreiviertel. Er hatte es geschafft.

Joanne K. Rowling

Ivan Steiger, 1987

...und er ging auf dem Wasser

Rolf Händler, 1987

Und alsbald trieb Jesus seine Jünger, in das Boot zu steigen und vor ihm hinüberzufahren, bis er das Volk gehen ließe.

Und als er das Volk hatte gehen lassen, stieg er allein auf einen Berg, um zu beten. Und am Abend war er dort allein.

Und das Boot war schon weit vom Land entfernt und kam in Not durch die Wellen; denn der Wind stand ihm entgegen.

Aber in der vierten Nachtwache kam Jesus zu ihnen und ging auf dem See.

Und als ihn die Jünger sahen auf dem See gehen, erschraken sie und riefen: Es ist ein Gespenst!, und schrien vor Furcht.

Aber sogleich redete Jesus mit ihnen und sprach: Seid getrost, ich bin's; fürchtet euch nicht!

Petrus aber antwortete ihm und sprach: Herr, bist du es, so befiehl mir, zu dir zu kommen auf dem Wasser.

Und er sprach: Komm her! Und Petrus stieg aus dem Boot und ging auf dem Wasser und kam auf Jesus zu.

Als er aber den starken Wind sah, erschrak er und begann zu sinken und schrie: Herr, hilf mir!

Jesus aber streckte sogleich die Hand aus und ergriff ihn und sprach zu ihm: Du Kleingläubiger, warum hast du gezweifelt?

Und sie traten in das Boot und der Wind legte sich.

Die aber im Boot waren, fielen vor ihm nieder und sprachen: Du bist wahrhaftig Gottes Sohn!

Mt 14,22–33

... und alle wurden satt

Der Herr ist mein Hirte,
mir wird nichts mangeln.
Er weidet mich auf einer grünen Aue
und führet mich zum frischen Wasser.
Er erquicket meine Seele.
Er führet mich auf rechter Straße um seines Namens willen.
Und ob ich schon wanderte
im finstern Tal,
fürchte ich kein Unglück;
denn du bist bei mir,
dein Stecken und Stab trösten mich.
Du bereitest vor mir einen Tisch
im Angesicht meiner Feinde.
Du salbest mein Haupt mit Öl
und schenkst mir voll ein.
Gutes und Barmherzigkeit werden mir folgen mein Leben lang
und ich werde bleiben im Hause des Herrn immerdar.

Psalm 23

Und die Apostel kamen wieder bei Jesus zusammen und berichteten ihm alles, was sie getan und was sie gelehrt hatten. Da sagte er zu ihnen: Kommet ihr allein abseits an einen öden Ort und ruhet ein wenig! Denn es waren viele, die ab und zu gingen, und sie hatten nicht einmal Zeit zu essen. Und sie fuhren mit dem Schiff abseits an einen öden Ort. Und man sah sie wegfahren und viele merkten es; und sie liefen zu Fuß aus allen Städten dort zusammen und kamen ihnen zuvor. Und als er ausstieg, sah er viel Volk, und er fühlte Erbarmen mit ihnen, denn sie waren wie Schafe, die keinen Hirten haben; und er fing an, sie vieles zu lehren.

Und als die Zeit schon sehr vorgerückt war, traten seine Jünger zu ihm und sagten: Der Ort ist öde und die Zeit schon sehr vorgerückt. Entlasse sie, damit sie in die Gehöfte und Dörfer ringsumher gehen und sich etwas zu essen kaufen. Er aber antwortete und sprach zu ihnen: Gebet ihr ihnen zu essen! Und sie sagten zu ihm: Sollen wir hingehen und für zweihundert Denare Brot kaufen und ihnen zu essen geben? Er aber sagte zu ihnen: Wie viel Brote habt ihr? Gehet hin, sehet nach! Und als sie es erkundet hatten, sagten sie: fünf, und zwei Fische. Und er befahl ihnen, alle sich nach Tischgesellschaften ins grüne Gras lagern zu lassen. Und sie setzten sich in Gruppen zu hundert und zu fünfzig. Da nahm er die fünf Brote und die zwei Fische, blickte zum Himmel auf, sprach das Dankgebet darüber, brach die Brote und gab sie den Jüngern, damit sie sie ihnen vorlegten, und die zwei Fische teilte er unter alle. Und alle aßen und wurden satt. Und sie hoben an Brocken zwölf Körbe voll auf und dazu auch von den Fischen. Und die die Brote gegessen hatten, waren fünftausend Männer. *Mk 6,30-44*

Wundergeschichten – Hoffnungsgeschichten

Eve B., 11 Jahre

Und was ist mit den Wundern?

„Und was ist mit den Wundern?"
Vater lief erst ein paar Mal im Nachthemd im Zimmer herum und rieb sich fröstelnd die Oberarme dabei. Dann blieb er dicht vor mir stehen.
„Liebst du die Menschen?" Er schien die Luft anzuhalten; man hörte auf einmal seinen Atem nicht mehr.
„Hör mal", sagte ich, „wo wir so viel nette kennen."
„Also." Vater atmete aus und stieg wieder ins Bett.
„Was heißt ‚also'?", fragte ich.
„‚Also' heißt, dann kannst du auch Wunder vollbringen."
Ich hatte auf einmal Herzklopfen bekommen. „Du meinst, Wunder kriegt jeder fertig?"
„Jeder, der liebt", verbesserte Vater und boxte sich sein Kissen zurecht.

Wolfdietrich Schnurre

Alle Knospen springen auf

Alle Menschen auf der Welt fangen an zu teilen
Alle Wunden nah und fern fangen an zu heilen
Menschen teilen – Wunden heilen
Knospen blühen – Nächte glühen

    Alle Augen springen auf, fangen an zu sehen
    Alle Lahmen stehen auf, fangen an zu gehen
    Augen sehen – Lahme gehen
    Menschen teilen – Wunden heilen
    Knospen blühen – Nächte glühen

Alle Stummen hier und da fangen an zu grüßen
Alle Mauern tot und hart werden weich und fließen
Stumme grüßen – Mauern fließen
Augen sehen – Lahme gehen
Menschen teilen – Wunden heilen
Knospen blühen – Nächte glühen

T.: Wilhelm Willms, M.: Ludger Edelkötter

Jesus – ein Zauberer?

„Sei brav, bade jetzt!"

Und er ging von dort weg und kam in seine Vaterstadt und seine Jünger folgten ihm nach. Und als der Sabbat kam, fing er an, zu lehren in der Synagoge. Und viele, die zuhörten, verwunderten sich und sprachen: Woher hat er das? Und was ist das für eine Weisheit, die ihm gegeben ist? Und solche mächtigen Taten, die durch seine Hände geschehen? Ist er nicht der Zimmermann, Marias Sohn, und der Bruder des Jakobus und Joses und Judas und Simon? Sind nicht auch seine Schwestern hier bei uns? Und sie ärgerten sich an ihm.
Jesus aber sprach zu ihnen: Ein Prophet gilt nirgends weniger als in seinem Vaterland und bei seinen Verwandten und in seinem Hause.
Und er konnte dort nicht eine einzige Tat tun, außer dass er wenigen Kranken die Hände auflegte und sie heilte. Und er wunderte sich über ihren Unglauben. Und er ging rings umher in die Dörfer und lehrte.

Mk 6,1-6

Und die Pharisäer kamen heraus und fingen an, mit ihm zu streiten, versuchten ihn und forderten von ihm ein Zeichen vom Himmel. Und er seufzte in seinem Geist und sprach: Was fordert doch dieses Geschlecht ein Zeichen? Wahrlich, ich sage euch: Es wird diesem Geschlecht kein Zeichen gegeben werden!   *Mk 8,11f.*

Lernen fürs Leben

Ein Lieblingsbuch vorstellen

Mein Lieblingsbuch im Religionsunterricht anderen vorzustellen, gibt mir die Möglichkeit, für mich selbst zu klären, warum mir dieses Buch so wichtig ist.

- Ich lege ein *Leseprotokoll* an, d.h. ich notiere mir während der Lektüre Gedanken, Eindrücke und Fragen zu den einzelnen Kapiteln oder Abschnitten.

- Ich fasse den Inhalt kurz zusammen. Dabei helfen mir die *W-Fragen* (wer, wo, wann, was, warum, wie, welche Folgen). Vorsicht: Wenn ich dazu anregen will, dass die Zuhörer das Buch selbst lesen, darf ich den Schluss nicht verraten.

- Ich überlege und halte schriftlich fest, warum mich bestimmte *Romanfiguren*, ihre Einstellungen, Verhaltensweisen und Konflikte besonders beeindruckt haben und wie ich sie beurteile.

- Ich informiere mich über die *Biografie des Autors* (Lexikon, Angaben im Buch, Internet).

- Ich schreibe *Stichworte* auf Karteikarten, die mir bei meinem Vortrag als Gedächtnisstütze dienen.

- Ich wähle einen geeigneten Abschnitt als *Leseprobe* aus (1–2 Seiten).

- Ich fertige evtl. ein Handout an, das wichtige Informationen zum Buch und zum Autor in knapper Form enthält.

- Ich plane den Ablauf meines Vortrags:
  - Tafelanschrieb mit wichtigen Informationen bzw. Handout verteilen
  - Inhalt zusammengefasst wiedergeben
  - Leseprobe
  - persönliche Beurteilung
  - Gedankenaustausch: Fragen der Mitschüler bzw. Diskussion von Fragen, die ich mir vorher überlegt habe

- Ich übe den Vortrag (ca. 5–10 Minuten) vor einer vertrauten Person.

Aufgaben – Impulse – Projektideen

■ 115 BILD: ▶Schreibe in der Ich-Form: a) Was erzählt das Bild über Jesus? b) Was erzählt *dir* das Bild über Jesus? Finde einen passenden Titel für das Bild.

■ 116/117 WÜNSCHE: ▶Schreibe in Stichworten einen Wunschzettel für das „Ich" des Liedtextes. ▶Schreibe in eine große Denkblase: Woran glaubt das „Ich" des Liedtextes? ▶▶Wie wirkt das Foto auf euch? Vergleicht es mit dem Liedtext: Welche Aussagen und Begriffe des Liedtextes könnt ihr dem Foto zuordnen? Welche nicht?

■ 118 BILD: ▶„Kommt her zu mir, alle, die ihr mühselig und beladen seid; ich will euch erquicken." – Beschreibe das Bild unter diesem Motto (Mt 11,28). ▶▶Gestaltet einen Wandfries: Eine(r) von euch zeichnet den thronenden Jesus ab, die übrigen je einen Bittsteller/eine Bittstellerin. Achtet besonders auf Mimik und Gestik der Gestalten.

■ 118 SCHWIEGERMUTTER DES PETRUS: ▶Schreibe den kurzen Text neu: a) als Sensationsreporter, b) als Gegner Jesu. ▶▶Lest und besprecht in Gruppen je einen der folgenden Texte: Mt 4,23–24; Mt 11,2–5; Mk 3,22; Lk 11,20. Formuliert eine These: Jesus tut Wunder, weil/um zu …

■ 119 KRABAT UND TONDA: ▶Fasse in Stichworten zusammen, in welcher Situation Krabat sich befindet. ▶Durch wen gewinnt Krabat neue Kraft? Schreibe deine Idee auf, warum der Meister das nicht wissen darf.

■ 120 HARRY POTTER/123 SINKENDER PETRUS: ▶„Halt nicht an und hab keine Angst", sagt die Frau, die Harry um Rat fragt. Erkläre, was die Befolgung dieses Rats so schwierig macht. ▶▶Ordnet die Episode in die Lebensgeschichte Harrys ein. Welche Weichen werden hier gestellt? ▶▶Lest euch gegenseitig Mt 14,22–33 (s. S. 123) vor; gestaltet eine Tabelle, die euch hilft, Harrys Weg mit dem des Petrus zu vergleichen: Welche Gefühle zeigen die beiden? Wohin führt ihr Weg? Von wem erfahren sie Hilfe? Was brauchen sie, um ihren Weg gehen zu können?

■ 122 BILD: ▶Zeichne eine Skizze des Bildes in dein Heft. Umgib die Menschen mit Sprechblasen und trage ein, was sie denken, fühlen, hoffen … ▶▶Lest die Texte eurer Sprechblasen laut in der Klasse. Haltet anschließend den Gesamteindruck fest.

■ 124 ZEICHNUNG: ▶▶Zu zweit: Formuliert die Aussage des Bildes als Bildunterschrift! An welche aktuellen Medienberichte erinnert euch das Bild? ▶▶Überlegt gemeinsam: Was tun Menschen, wenn sie zu wenig zu essen haben? Wie würde sich diese Situation in einer Familie auswirken?

■ 125 TEXT: ▶▶Lest die Wundergeschichte mit verteilten Rollen. Nennt Widersprüche im Text. ▶„öder Ort" – „grünes Gras": Verdeutliche den Gegensatz, z.B. in einem Gedicht oder Bild. ▶Lies Psalm 23 (S. 124) und schreibe heraus, welche Motive (Bilder, Einzelheiten) die beiden Texte gemeinsam haben. ▶Erzähle die Wundergeschichte nach, und zwar aus Sicht eines Jüngers oder einer Jüngerin nach Jesu Tod und Auferstehung.

■ 126 BILD: Das Bild stammt aus einer Ausstellung mit dem Titel „So erleben Kinder Multiple Sklerose". ▶▶Tragt Informationen über die Krankheit zusammen. ▶Versetze dich in eine der beiden Personen hinein und beschreibe einen typischen Tagesablauf. ▶▶Ein Titelvorschlag für das Bild lautet: „Das Leben ist schön". Diskutiert darüber und macht evtl. eigene Vorschläge!

■ 126 TEXT: ▶Der kleine Text ist aus dem Zusammenhang gerissen. Schreibe ein Stück „Vorgeschichte". ▶▶Tragt an der Tafel zusammen, warum jeder, der liebt, Wunder vollbringen kann.

■ 127 LIED: ▶▶Interpretiert das Lied musikalisch auf eure Weise und nehmt es auf. ▶▶Sucht nach Fotos, die zum Lied passen könnten, und erstellt eine Collage.

■ 128 KARIKATUR: ▶Erkläre jemandem, der die Wundergeschichten Jesu nicht kennt, den Pfiff dieser Zeichnung.

■ 128 ZAUBERER: ▶Maria, die Leute in Nazareth, die Pharisäer – was haben sie auf dieser Seite gemeinsam? Schreibe dazu einen einzigen Satz. ▶▶In drei Gruppen: Entwerft eine Antwort Jesu auf je eine der drei vorgestellten Szenen.

Referat und Projekt

■ Lieblingsbücher
Stellt euer Lieblingsbuch vor. Berücksichtige dabei folgende Fragen: Geht es in dem Buch auch wunderbar zu, geschehen Wunder? Oder passiert etwas, das überrascht, etwas, womit niemand gerechnet hat und das den Lauf der Geschichte maßgeblich verändert? Hat eine Figur im Buch besondere Fähigkeiten? Vollbringt sie damit Gutes oder Böses? Weshalb ist das von dir gewählte Buch dein Lieblingsbuch?

■ Bibelgeschichten nacherzählen
In der Bibel geht es oft ums Essen: Lies folgende Stellen und schreibe Nacherzählungen, die du deinen Mitschülern vorliest oder frei vorträgst:
Ex 16, 1 Kön 17,1–16, Mk 2,13–17, Lk 14,15–24; 15,1–2

Entdeckt, verstanden, gestaltet

Wundergeschichten – Hoffnungsgeschichten

Ich kann	■ Wünsche und Hoffnungen für mein eigenes Leben und das Zusammenleben der Menschen benennen;
	■ zwischen Wunsch und Wirklichkeit unterscheiden;
	■ beschreiben, wie Wünsche und Hoffnungen Veränderungen bewirken können.
Ich kann	■ Szenen aus Jugendbüchern schildern, die „fantastisch" sind, d.h. die Wirklichkeit übersteigen;
	■ das Fantastische in neutestamentlichen Wundergeschichten benennen;
	■ neutestamentliche Wundergeschichten mit anderen Texten vergleichen.
Ich kann	■ einige Heilungswunder Jesu nacherzählen, z.B. die Heilung der Schwiegermutter des Petrus (Mk 1,29–31);
	■ einige Naturwunder Jesu nacherzählen, z.B. die Geschichte vom Seewandel des Petrus (Mt 14,22–33).
Ich kann	■ erklären, warum Jesus nicht als Zauberer bezeichnet werden kann;
	■ erläutern, wie Jesus selbst seine Gabe, Menschen zu heilen, beurteilt hat.
Ich kann	■ beschreiben, welche Erfahrungen und Lebenssituationen die ersten Christen nach Ostern veranlasst haben, Wundergeschichten von Jesus weiterzuerzählen;
	■ an Beispielen erklären, welche Hoffnungen mit den Wundergeschichten zum Ausdruck gebracht werden.

Kreuzeserfahrungen

RABULAS-CODEX, OSTSYRIEN 6. JH.

Lernen fürs Leben

Ein Klassenprojekt durchführen

Selbst planen und ausprobieren, fragen und verstehen, suchen und entdecken, gestalten und zeigen – das gelingt besonders gut in Gruppen und an Projekten.

Zum Beispiel: Das Projekt „Rund ums Kreuz"

Zuerst sammeln wir in der Klasse Ideen, z.B. können wir

- in der Bibliothek oder im Internet erforschen, welche verschiedenen Kreuzesformen es gibt und welche Bedeutungen ihnen zukommen;
- selbst ein Kreuz bauen: aus Zweigen und Bast/Bindfaden;
- erkunden und erklären, was ein „Kreuzweg" ist;
- die Form des Kreuzes in alltäglichen Dingen suchen, Fotos davon machen und eine Wandzeitung erstellen;
- Mitschüler und unsere Familien nach besonderen Kreuzen (z.B. Konfirmationsgeschenke) befragen und sie mit in den Unterricht bringen;
- eine Übersicht über alte und neue Sitten und Gebräuche zum Thema Kreuz (z.B. das Sich-Bekreuzigen) erstellen;
- einen Besuch in einer Kirche organisieren und dort Kreuzesdarstellungen suchen und skizzieren.

Dann legen wir verbindlich fest, was getan und was wie präsentiert werden soll.

- Wir sprechen als Klasse einen verbindlichen Zeitrahmen ab.
- Wir klären, welche Räume, Materialien usw. wir für die Durchführung benötigen und was uns tatsächlich zur Verfügung steht.
- Wir bilden Gruppen von etwa vier Schülern und Schülerinnen, die sich für eine Aufgabe entscheiden und zusammenarbeiten wollen.
- Wir sprechen als Arbeitsgruppe ab, wer welche Teilaufgaben übernimmt und wie viel Arbeitszeit jeweils erforderlich ist.
- Wir legen als Arbeitsgruppe ein Arbeitsprotokoll an. Darin notieren wir stichwortartig, was wir in der jeweiligen Stunde abgesprochen, erkundet oder ausgearbeitet haben. Das hilft uns beim nächsten Mal, schneller wieder in das Thema hineinzufinden.

„Die Dinger sind im Moment wahnsinnig in"

Vergoldete Glasschale, Rom, 4. Jh.

135

Das Kreuz Jesu

Eine Kreuzigung war in Palästina zur Zeit Jesu kein ungewohnter Anblick. Die Römer, die das Land besetzt hielten, praktizierten diese Art der Hinrichtung nur an Sklaven und an Rebellen. Für einen römischen Bürger galt der Tod am Kreuz als etwas Entehrendes und auch die Juden sahen darin einen Fluch. Der jüdische Geschichtsschreiber Flavius Josephus berichtet von der Belagerung Jerusalems durch den römischen General Titus im Jahr 70 n.Chr.: Titus erhoffte sich von den Kreuzigungen, „dass dieser Anblick vielleicht die Juden zur Übergabe veranlassen könnte, da sie das gleiche Schicksal zu erwarten hätten, wenn sie sich nicht ergeben wollten. Die Soldaten aber trieben voller Wut und Hass ihren Spott mit den Gefangenen, indem sie jeden in einer anderen Stellung ans Kreuz nagelten, und bald fehlte es an Platz für die Kreuze und an Kreuzen für die Leiber, so viele waren es."

Wie grausam die Kreuzigung tatsächlich war, zeigte sich 1968 in Jerusalem, als man dort die Überreste eines etwa 24–28-jährigen Mannes fand, der zur Zeit Jesu gekreuzigt worden war. Ärzten und Archäologen gelang es, verschiedene Einzelheiten über seinen Tod festzustellen. Mit einem kleinen Brett waren seine Füße gegen den Balken des Kreuzes gedrückt worden. Seine Stellung am Kreuz konnte durch die Winkel der Beinbrüche bestimmt werden. Die Handgelenke hatte man mit Nägeln am Querbalken befestigt. Unter dem Gesäß des Gekreuzigten befand sich eine Stütze, die das Körpergewicht abfangen und dadurch den Tod hinauszögern sollte. Oft trat der Tod erst nach Tagen durch Durst, Erschöpfung oder Kreislaufkollaps ein.

INRI (Iesus Nazarenus, Rex Iudaeorum) stand mit großer Wahrscheinlichkeit am Kreuz Jesu. Er wurde von den Römern, die das Land besetzt hielten, als „König der Juden" verspottet, weil er die Königsherrschaft Gottes verkündet hatte, durch die vor allem die Armen zu ihrem Recht kommen sollten. Der Kreuzigung ging ein kurzer Prozess vor dem römischen Statthalter voraus. Wahrscheinlich ist Jesus vom Hohen Rat – der obersten jüdischen Behörde unter dem Vorsitz des Hohenpriesters – bei Pilatus angeklagt worden. Nur die Römer als Besatzungsmacht durften über Tod und Leben entscheiden.
Jesus hatte sein Leben riskiert, indem er gepredigt hatte, dass Gott die Menschen liebt und alle, die zu ihm kommen, ohne Vorbedingungen annimmt. Er hatte öffentlich Kritik geübt an der strengen Auslegung der Tora, dem jüdischen Religionsgesetz, und am Tempelkult. So fürchtete der Hohe Rat Jesus als Unruhestifter; die Römer fürchteten ihn als Aufrührer, der ihre Macht infrage stellte.

Cornelia Lorentz

REKONSTRUKTION EINER KREUZIGUNG

am holz

der sich
ganz auf gott
verließ
   hängt am holz
   von gott
   verlassen

der
die gnade
ist
   schreit im schmerz
   der gnaden-
   los

der
für liebe
stritt
   stirbt
   von hass
   durchbohrt

Kurt Marti

Kreuzeserfahrungen heute

Kambodschanischer Junge in einem Flüchtlingslager, 1979

in den hohlwegen

in den hohlwegen der angst
tanzen kinder mit nackten füßen
immer vorbei am bankett der heiterkeit
mitten durchs jahrhundert
des kindes
ziehen sie
ihre kleine erfrorene spur
ihr lachen ist ohne wiederkehr
auf ihrem weg zum kreuz
nichts bleibt von ihrem licht
wenn der schnee
die kleinen gräber zudeckt

Eveline Erlsbacher

Millionen Landminen lauern noch auf ihre Opfer

Jedes Jahr werden ca. 20.000 Menschen Opfer von Landminen. Häufig sind es Kinder, die auf wahllos verlegte Minen treten. Experten schätzen, dass weltweit etwa 110 Millionen Landminen vergraben sind, weitere 100 Millionen liegen auf Halde und können jederzeit verlegt werden. Bei den meisten aktuellen Kriegen in der Welt handelt es sich um innerstaatliche Konflikte, die von anderen Kriegsakteuren und mit anderen Absichten geführt werden als noch zu Zeiten des Ost-West-Konfliktes. Ein wichtiges Element der Kriegsführung ist der Krieg gegen die Zivilbevölkerung geworden. Besonders geeignet für die Terrorisierung der Zivilbevölkerung sind Landminen. Sie sind so konstruiert, dass das Opfer, das auf sie tritt, nicht getötet, sondern besonders grausam verstümmelt wird.

Auch dann, wenn der Krieg bereits beendet ist, bleiben Minen weiter aktiv. In manchen Ländern sind riesige Teile der landwirtschaftlich nutzbaren Fläche vermint, eine Nutzung dieser Flächen ist nicht möglich. Landminen sind billig: Eine Mine ist bereits für ein paar Dollar zu haben. Die Räumung einer einzigen Mine hingegen kostet rund 1.000 Dollar. So stellen Minen nach dem Ende von Kriegen eines der größten Entwicklungshemmnisse dar.

5. Dezember 1995, Maputo, Mosambik

In einem Dorf in der Provinz Maputo sammelten mehrere Kinder Altmetall von Kriegsüberbleibseln, um es auf dem Markt zu verkaufen. Unter anderem fanden sie eine OZM-3-Mine. Als sie sie später auf ihren Verkaufsstand in der Mitte des Marktes legten, explodierte sie und tötete sofort acht Kinder zwischen sechs und vierzehn Jahren. Drei weitere starben später im Krankenhaus. Ein verletzter Junge musste mit ansehen, wie zwei seiner Brüder durch die Mine getötet wurden.

8. Januar 1996, Battambang, Kambodscha

Chhoeun Vannak, zehn Jahre, und sein Bruder Tyna, fünf Jahre, gingen zum Spielen in einen Wald in der Nähe ihres Dorfes, während ihre Mutter sich zur Arbeit aufs Reisfeld begab. Die Kinder sahen eine Mine auf dem Boden liegen und Tyna war neugierig. Er nahm einen Klumpen Erde und warf ihn auf die Mine. Sie explodierte und verletzte beide Jungen. Vannaks rechtes Bein wurde zerfetzt und Tyna verlor beide Augen.

Kinder berichten vom Krieg

Die Soldaten befahlen uns, das Haus zu verlassen, dann brannten sie es nieder. Danach brachten sie uns zum Zug, wo sie allen Männern befahlen, sich auf den Boden zu legen. Aus der Gruppe wählten sie diejenigen aus, die sie töten wollten. Sie wählten meinen Onkel und einen Nachbarn! Dann erschossen sie sie mit ihren Maschinengewehren. Danach zwangen die Soldaten die Frauen in die vorderen Waggons des Zuges und die Männer in die hinteren. Als der Zug sich in Bewegung setzte, koppelten sie die hinteren Waggons ab und brachten die Männer in die Lager. Ich habe alles gesehen! Jetzt kann ich nicht mehr schlafen. Ich versuche, alles zu vergessen, aber es geht nicht. Es fällt mir schwer, überhaupt noch etwas zu fühlen.

Alik, 13 Jahre, Flüchtling

Wir lebten fünf Monate im Haus meiner Großmutter. Es gab häufig Granatenbeschuss, Luftangriffe und allgemeinen Alarm. Viele Gebäude brannten aus und jedes Haus wurde zumindest von einer Granate getroffen. Mak und ich schliefen auf dem Fußboden und Mutter und Vater auf der Couch. Wir hatten nur wenig zu essen, nur Reis, Spaghetti und manchmal Bohnen. Anderes Gemüse hatten wir nicht, nur eine Tomate, in drei Stücke geteilt, für Mak, Deni und mich.

Lana, 8 Jahre, aus Sarajevo

Ich hatte ein neues Dreirad, rot und gelb und mit einer Klingel... Glaubst du, dass sie auch mein Dreirad zerstört haben?

Nedim, 5 Jahre, Flüchtling

Wenn du doch nur wüsstest, wie es sich anfühlt, wenn dein Vater im Krieg ist. Du läufst vor dem Elend davon, aber das Elend folgt dir. Du hörst nicht ein Wort von deinem Vater und dann eines Tages wird es dunkel um dich und da steht Vater in der Tür. Er bleibt ein paar Tage bei dir und dann ist das Glück wieder fort. Mein Herz, es schlägt wie eine kleine Uhr. Ich kann dies kaum schreiben, weil mein lieber Vater wieder einmal nicht hier bei mir ist.

Žana, 12 Jahre, Flüchtling aus Brčko

Der Christus aus dem Ozean

I In jenem Jahr ertranken mehrere von den Männern, die aus Saint-Valéry zum Fischfang ausgefahren waren, im Meer. Man fand ihre von der Flut angespülten Leichname zusammen mit den Trümmern ihrer Boote am Strand, und neun Tage lang sah man auf der unebenen Straße, die zur Kirche führt, mit den Händen getragene Särge, hinter denen weinend unter ihrem großen Umhang die Witwen gingen wie Frauen aus der Bibel. So wurden auch der Schiffer Jean Lenoël und sein Sohn Désiré im großen Kirchenschiff aufgebahrt unter dem Gewölbe, an dem sie kurz zuvor als fromme Gabe für die Heilige Jungfrau einen Segler mit voller Takelage aufgehängt hatten. Sie waren gerechte und gottesfürchtige Männer gewesen. Und Herr Guillaume Truphème, der Pfarrer von Saint-Valéry, sagte nach der Absolution mit tränenerstickter Stimme: „Niemals haben wir, damit sie dort das Gericht Gottes erwarten, so wackere Männer und gute Christen in die geweihte Erde gesenkt wie Jean Lenoël und seinen Sohn Désiré."

II Und während die Boote mit ihren Schiffern an der Küste verloren gingen, versanken große Fahrzeuge auf der offenen See und es verging kein Tag, an dem der Ozean nicht ein Wrackstück an Land warf. Eines Tages nun entdeckten Kinder, die mit einem Segelboot unterwegs waren, eine Gestalt, die auf dem Meer lag. Es war Christus in Menschengröße, aus hartem Holz geschnitzt und in natürlichen Farben bemalt; es schien sich um eine alte Arbeit zu handeln. Der Herrgott schwamm mit ausgebreiteten Armen auf dem Wasser. Die Kinder zogen ihn an Bord und brachten ihn heim nach Saint-Valéry. Um seine Stirn lag die Dornenkrone und seine Füße und Hände waren durchbohrt. Aber die Nägel fehlten, ebenso das Kreuz. Mit seinen noch zum Aufopfern und Segnen geöffneten Armen stellte er sich so dar, wie ihn Joseph von Arimathia und die heiligen Frauen gesehen hatten, als sie ihn in das Leichentuch hüllten.

III Die Kinder übergaben ihn dem Herrn Pfarrer Truphème, der zu ihnen sagte: „Dieses Bildnis des Heilands ist eine Arbeit von früher, und der es geschaffen hat, ist gewiss schon lange tot. Die Händler aus Amiens und Paris verkaufen zwar für hundert und noch mehr Franken wunderbare Statuen, aber man muss zugeben, dass die Handwerker von früher auch ihre Vorzüge hatten. Doch vor allem freue ich mich deswegen darüber, weil ich meine, dass Christus so mit ausgebreiteten Armen nach Saint-Valéry gekommen ist, weil er die grausam geprüfte Gemeinde segnen und zugleich verkünden will, dass er Mitleid hat mit den armen Leuten, die unter Lebensgefahr auf Fischfang gehen. Er ist der Gott, der auf den Wassern gegangen ist und die Netze des Petrus gesegnet hat."

IV Und nachdem der Herr Pfarrer Truphème die Christusfigur in der Kirche auf das Tuch des Hauptaltars hatte niederlegen lassen, ging er hin und bestellte beim Zimmermann Lemerre ein schönes Kreuz aus massivem Eichenholz. Als es fertig war, hängte man den Herrgott daran mit neuen Nägeln und richtete ihn im Kirchenschiff über der Kirchenvorsteherbank auf. Da sah man erst, dass seine Augen voller Barmherzigkeit waren und gleichsam feucht von himmlischem Erbarmen. Einer der Kirchenvorsteher, der dem Anbringen des Kruzifixes beiwohnte, glaubte Tränen über das göttliche Antlitz rinnen zu sehen.

V Als am anderen Morgen der Herr Pfarrer mit dem Ministranten die Kirche betrat, um seine Messe zu lesen, war er sehr überrascht, das Kreuz über der Vorsteherbank leer und die Christusfigur auf dem Altar liegend anzutreffen. Sobald er das Messopfer gefeiert hatte, ließ er den Zimmermann rufen und fragte ihn, warum er die Christusfigur von ihrem Kreuz abgenommen habe. Aber der Zimmermann antwortete, er habe sie nicht einmal berührt, und nachdem er den Kirchendiener und die Vorsteher befragt hatte, wusste Herr Truphème für gewiss, dass niemand die Kirche betreten hatte seit dem Augenblick, da der Herrgott auf seinen Platz über der Kirchenvorsteherbank gebracht worden war.

VI Da hatte er das Gefühl, diese Dinge hätten den Charakter eines Wunders, und er bedachte sie mit kluger Vorsicht. Am folgenden Sonntag sprach er davon in der Predigt zu seinen Pfarrkindern und lud sie ein, durch ihre Gaben zur Aufrichtung eines neuen Kreuzes beizutragen, das schöner als das erste sein sollte und würdiger, den zu tragen, der die Welt erlöst hat. Die armen Fischer von Saint-Valéry gaben so viel Geld, wie sie konnten, und die Witwen brachten ihren Ring. So konnte Herr Truphème sich bald darauf nach Abbeville begeben und ein herrlich schimmerndes Kreuz aus schwarzem Holz bestellen, über dem eine Tafel mit der Inschrift INRI in goldenen Lettern hing. Zwei Monate später befestigte man es an demselben Platz wie das erste und nagelte die Christusfigur darauf zwischen die Lanze und den Schwamm. Aber Jesus verließ es ebenso wie das andere und legte sich noch in der Nacht auf den Altar.

VII Als der Herr Pfarrer ihn dort am Morgen fand, fiel er auf die Knie und betete lange. Das Gerücht von diesem Wunder verbreitete sich in der ganzen Gegend und die Damen von Amiens veranstalteten Sammlungen für den Christus von Saint-Valéry. Aus Paris erhielt Herr Truphème Geld und Juwelen, und die Gattin des Marineministers, Frau Hyde de Neuville, übersandte ihm ein Herz aus Diamanten. Unter Benutzung all dieser Kostbarkeiten schuf ein Goldschmied aus der Rue de Saint-Sulpice in zwei Jahren ein Kreuz aus Gold und Edelsteinen, das im Jahre 18..., am zweiten Sonntag nach Ostern, mit großem Prunk in der

Kirche von Saint-Valéry geweiht wurde. Aber Er, der das Schmerzenskreuz nicht gescheut hatte, entfloh von diesem so kostbaren Kreuz und legte sich von neuem auf das weiße Leinen des Altars.

IX Aus Angst, ihn zu kränken, ließ man ihn diesmal dort liegen und er ruhte dort seit über zwei Jahren, als Pierre, der Sohn von Pierre Caillou, zum Herrn Pfarrer Truphème kam und ihm berichtete, er habe auf dem Strand das richtige Kreuz unseres Herrgotts gefunden. Pierre war ein harmloser Schwachsinniger, und weil er nicht genug Verstand besaß, um seinen Lebensunterhalt zu verdienen, gab man ihm sein Brot aus Barmherzigkeit; er war beliebt, weil er nie etwas Böses tat. Aber er hielt zusammenhanglose Reden, auf die niemand hörte. Dennoch war Herr Truphème, der unablässig über das Mysterium des Christus aus dem Ozean nachdachte, betroffen von dem, was der arme Irre ihm gesagt hatte. Er begab sich mit dem Kirchendiener und zwei Vorstehern an die Stelle, wo das Kind nach seinen Worten ein Kreuz gesehen hatte, und er fand dort zwei mit Nägeln besetzte Bretter, die das Meer lange mit sich gewälzt hatte und die tatsächlich ein Kreuz bildeten. Es waren Wrackstücke von einem lange zurückliegenden Schiffbruch. Auf dem einen Brett erkannte man noch zwei schwarz aufgemalte Buchstaben, ein J und ein L, und es konnte kein Zweifel daran bestehen, dass dies ein Überrest des Bootes von Jean Lenoël war, der fünf Jahre zuvor mit seinem Sohn Désiré im Meer umgekommen war.

X Der Kirchendiener und die Vorsteher begannen bei diesem Anblick zu lachen über den Trottel, der die gebrochenen Planken eines Schiffes für das Kreuz Christi hielt. Aber der Herr Pfarrer Truphème gebot ihrem Spott Einhalt. Er hatte viel nachgedacht und viel gebetet, seit der Christus aus dem Ozean zu den Fischern gekommen war, und das Mysterium der unendlichen Barmherzigkeit begann ihm einzuleuchten. Er kniete auf dem Sand nieder und sprach das Gebet für die verstorbenen Gläubigen; dann befahl er dem Kirchendiener und den Vorstehern, dieses Wrackstück auf ihre Schultern zu nehmen und in der Kirche abzustellen. Als das geschehen war, hob er den Christus vom Altar, legte ihn auf die Bretter des Bootes und nagelte ihn eigenhändig mit den vom Meer zerfressenen Nägeln daran fest. Auf seinen Befehl trat das Kreuz schon am nächsten Tag über der Vorsteherbank an die Stelle des Kreuzes aus Gold und Edelsteinen. Der Christus aus dem Ozean hat sich nie davon gelöst. Er hat auf dem Holz bleiben wollen, auf dem Menschen gestorben sind, indem sie seinen Namen und den Namen seiner Mutter angerufen haben. Und dort scheint er mit seinem halb geöffneten, erhabenen und leidvollen Mund zu sprechen: „Mein Kreuz ist gemacht aus allen Leiden der Menschen; denn ich bin wahrhaftig der Gott der Armen und Unglücklichen."

Anatole France

Sieger Köder, 1997

Ich glaube an Jesus
Gottes menschgewordenes Wort
den Messias der Bedrängten und Unterdrückten
der das Reich Gottes verkündet hat
und gekreuzigt wurde deswegen
ausgeliefert wie wir der Vernichtung des Todes
aber am dritten Tag auferstanden
um weiterzuwirken für unsere Befreiung
bis dass Gott alles in allem sein wird

Kurt Marti

Leid ertragen – Leid überwinden

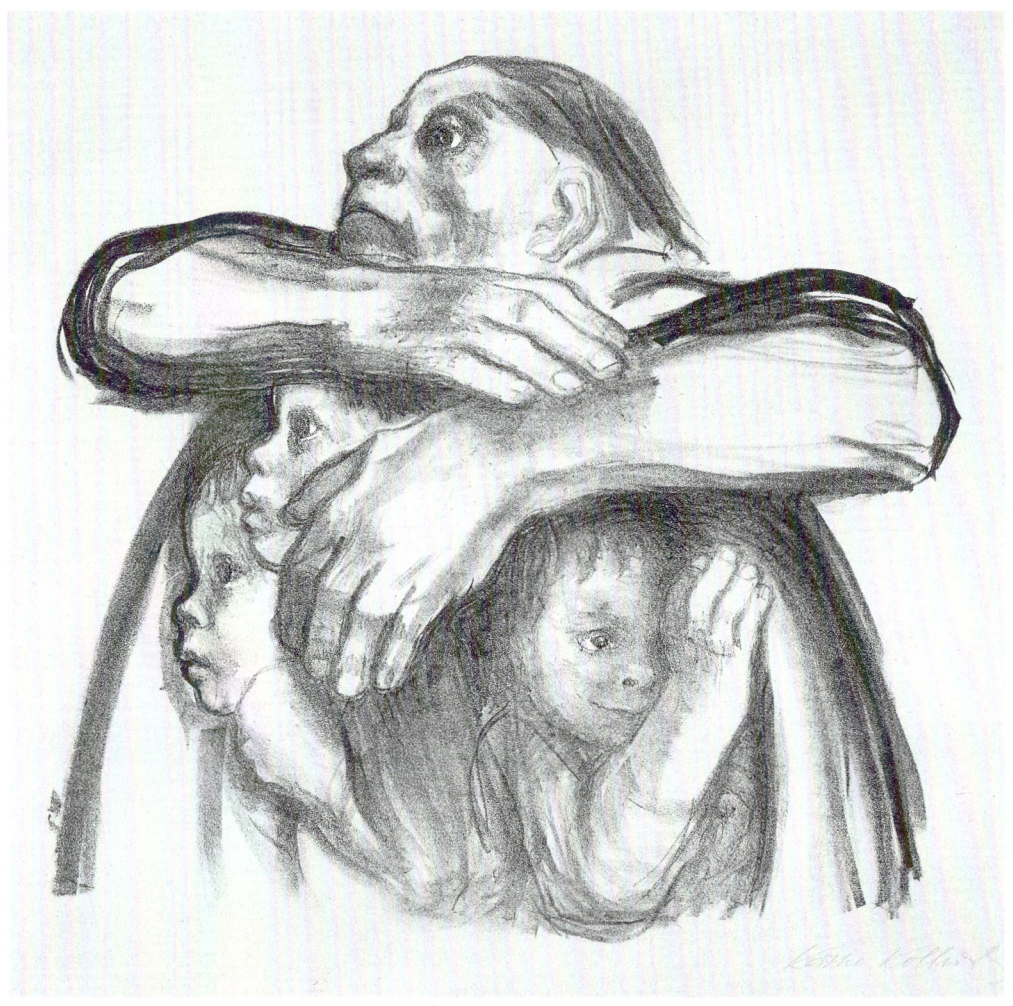

Käthe Kollwitz, 1942

Die Suche nach dem Senfkorn

Es gibt eine alte chinesische Legende von einer Frau, deren Sohn starb. In ihrem Kummer ging sie zu einem Heiligen Mann und sagte: „Welche Gebete und Beschwörungen kennst du, um meinen Sohn wieder zum Leben zu erwecken?" Er sagte zu ihr: „Bring mir ein Senfkorn aus einem Hause, das niemals Leid kennen gelernt hat. Damit werden wir den Kummer aus deinem Leben vertreiben."
Die Frau begab sich auf die Suche nach dem Zauber-Senfkorn. Sie kam in ein prächtiges Haus, klopfte an die Tür und sagte: „Ich suche ein Haus, das niemals Leid erfahren hat; ist hier der richtige Ort? Es wäre sehr wichtig für mich."
Sie sagten zu ihr: „Da bist du an den falschen Ort gekommen", und sie zählten all das Unglück auf, das sich jüngst bei ihnen ereignet hatte. Die Frau sagte zu sich selbst: „Wer wohl kann diesen armen unglücklichen Menschen besser helfen als ich, die ich selber so tief im Unglück bin?" Sie blieb und tröstete sie; dann suchte sie weiter ein Haus ohne Leid. Aber wo immer sie sich hinwandte, in Hütten, Palästen, überall begegnete ihr das Leid. Schließlich beschäftigte sie sich so ausschließlich mit dem Leid anderer Leute, dass sie ganz die Suche nach dem Zauber-Senfkorn vergaß, ohne dass es ihr bewusst wurde, dass sie auf diese Weise tatsächlich den Schmerz aus ihrem Leben verbannt hatte.

Harold Kushner, nach einer chinesischen Legende

Christen und Heiden

Menschen gehen zu Gott in ihrer Not,
flehen um Hilfe, bitten um Glück und Brot,
um Errettung aus Krankheit, Schuld und Tod.
So tun sie alle, alle, Christen und Heiden.

        Menschen gehen zu Gott in Seiner Not,
        finden ihn arm, geschmäht, ohne Obdach und Brot,
        sehn ihn verschlungen von Sünde, Schwachheit und Tod.
        Christen stehen bei Gott in Seinen Leiden.

Gott geht zu allen Menschen in ihrer Not,
sättigt den Leib und die Seele mit Seinem Brot,
stirbt für Christen und Heiden den Kreuzestod
und vergibt ihnen beiden.

Dietrich Bonhoeffer

Aufgaben – Impulse – Projektideen

- 133 RABULAS-CODEX: ▶▶Tragt zusammen, warum und von wem Jesus ans Kreuz genagelt wurde. Was hat es mit den anderen beiden Gekreuzigten auf sich? ▶▶Erzählt die Geschichte der Auferstehung nach. ▶▶Lest als Hintergrund Mk 15 und 16 laut vor.

- 135 KREUZE: ▶▶Zählt, wie viele Kreuze in eurer Klasse als Schmuckstücke getragen werden. ▶▶Erzählt, warum ihr ein Kreuz als Schmuck tragt oder warum ihr das nicht tun würdet.

- 136/137 KREUZ JESU: ▶Beschreibe, welche Wirkung die Zeichnung auf dich hat. ▶Schreibe aus dem Text die wichtigsten Informationen über Häufigkeit, Zweck und Durchführung der Kreuzigung zur Zeit Jesu heraus. ▶Notiere, was du Neues über die Kreuzigung Jesu gelernt hast.

- 137 AM HOLZ: ▶▶Lest das Gedicht in der Klasse: Schreibt Eigenschaften Jesu heraus und besprecht, auf welche Ereignisse seines Lebens sie sich beziehen.

- 138 KREUZ: ▶▶Besprecht in der Klasse, warum dieser Junge am Kreuz hängen könnte. Lasst euch von eurem Lehrer/eurer Lehrerin die politischen Hintergründe dazu erklären.

- 138 GEDICHT: ▶Schreibe das Gedicht auf ein leeres Blatt Papier. Beschreibe, welche Gefühle beim Abschreiben in dir aufkommen. ▶▶Zu zweit: Sammelt in einer Tabelle: a) Wörter, die die augenblickliche Situation der Kinder beschreiben; b) Wörter, die das eigentliche Wesen von Kindern kennzeichnen.

- 139 LANDMINEN: ▶Erstelle einen Steckbrief zum Thema Landminen: Recherchiere im Internet. ▶▶Die Landminen sind nur ein Beispiel ... – Vervollständigt den Satz und schreibt ihn auf große Plakate: Klebt eine Collage, die zu eurem Satz passt.

- 140 BILD: ▶▶Erkundet das Bild: Erzählt euch gegenseitig, was ihr entdeckt. Entwickelt eine Geschichte zu dem Bild. ▶Das Bild hat den Titel „Vater, gehe nicht in den Krieg" – Schlüpfe in die Rolle des Kindes und schreibe auf, was es mit dem Bild ausdrücken will.

- 141 KINDER UND KRIEG: ▶▶Besprecht mit eurem Lehrer/eurer Lehrerin, aus welchem Kriegsgebiet diese Kinder stammen. ▶Schreibe aus den Briefen der Kinder drei Sätze heraus, die aussagen, wie sie sich fühlen. ▶▶Sprecht eure Sätze laut in der Klasse; lasst sie wirken.

▸Vergleiche: Was fühlt der 5-Jährige, was fühlt ein älteres Kind angesichts der gleichen Situation? ▸Verfasse die Klage eines Kindes über Angst, Zerstörung, Hunger, Wut ...

■ 142-144 CHRISTUS AUS DEM OZEAN: ▸Du brauchst ein großes Blatt Papier mit zehn Abschnitten: Schreibe zu jedem Abschnitt des Textes auf: a) ein Stichwort, b) den wichtigsten Satz, c) den Inhalt mit deinen eigenen Worten, d) eine Überschrift. ▸Benutze deine Übersicht und beantworte folgende Fragen: a) In welchen Abschnitten wird die Haltung des Christus beschrieben und mit welchen Worten? b) In welchen Abschnitten wird das Gesicht (Augen, Mund) des Christus beschrieben und mit welchen Worten? c) In welchen Abschnitten werden die Kreuze beschrieben, die der Christus verlässt, und mit welchen Worten? d) Wie passen Abschnitt 1 und 10 inhaltlich zusammen? e) Wie sieht das Kreuz aus, an dem der Christus bleibt? ▸▸Zu viert: Zeichnet die vier Kreuze aus dieser Geschichte und beschriftet sie. ▸In deinen Worten: Was lernst du an dieser Geschichte?

■ 145 KREUZ: ▸Zeichne die Hand am oberen Rand vergrößert nach und schreibe hinein, was sie bedeuten könnte: a) für den Gekreuzigten, b) für den Betrachter. ▸▸Veranstaltet ein Tauziehen. Überlegt anschließend: Welche Kraft kann ein Tau/kann Fesseln zerreißen?

■ 145 GLAUBENSBEKENNTNIS: ▸▸Zu zweit: Vergleicht den Text mit dem Apostolischen Glaubensbekenntnis. Was hat Marti weggelassen? Was hat er hinzugefügt? ▸Mit deinen Worten: Was erwartet Marti von Jesus?

■ 146 BILD VON KÄTHE KOLLWITZ: ▸Schreibe fünf Begriffe auf, die dir bei der Bildbetrachtung in den Sinn kommen. ▸▸Besprecht zu zweit, wovor diese Mutter ihre Kinder wohl schützen möchte.

■ 147 Chinesische Legende: ▸Zähle auf: Auf welche Art von Leid trifft die Frau wohl, wenn sie all diese Häuser und Hütten besucht? ▸▸Diskutiert: Warum kann sie ihr eigenes Leid vergessen, während sie den anderen zuhört?

■ 147 CHRISTEN UND HEIDEN: ▸Zeichne die Bewegung des Gedichtes nach, Strophe für Strophe: Wo befinden sich jeweils a) die Christen, b) die Heiden, c) Gott? Wer bewegt sich jeweils, wer oder was steht im Mittelpunkt? ▸▸Erfindet Gesten und Bewegungen zu den Strophen: Stellt die Strophen pantomimisch dar. Zeichnet die Gesten auf.

Entdeckt, verstanden, gestaltet

Kreuz – Leid und Trost

Ich kann	■ in meiner alltäglichen Umwelt die Form des Kreuzes entdecken;
	■ verschiedene Ausprägungen des Symbols Kreuz skizzieren und den jeweiligen Entstehungshintergrund benennen;
	■ Sitten und Gebräuche beschreiben, die mit dem Symbol Kreuz zusammenhängen.
Ich kann	■ erklären, warum das Kreuz ein Todeszeichen ist;
	■ die geschichtlichen Hintergründe der Kreuzigung als Todesstrafe zur Zeit der Antike erklären;
	■ den Ablauf einer Kreuzigung beschreiben;
	■ erklären, warum und von wem Jesus angeklagt und zum Tode verurteilt wurde.
Ich weiß,	■ dass viele Menschen, auch viele Kinder, überall auf der Welt entsetzliches Leid erfahren.
Ich kann	■ die körperliche und seelische Not von Kindern an Beispielen beschreiben und
ich versuche,	■ dies nachzuempfinden.
Ich kann	■ erklären, warum das Kreuz vielen Menschen in Notsituationen die Nähe Gottes vergegenwärtigt.
Ich weiß,	■ dass das Kreuz Jesu vielen Menschen Mut macht, sich wie er für andere einzusetzen.

Bedingungslose Annahme –
die Sache mit der Rechtfertigung

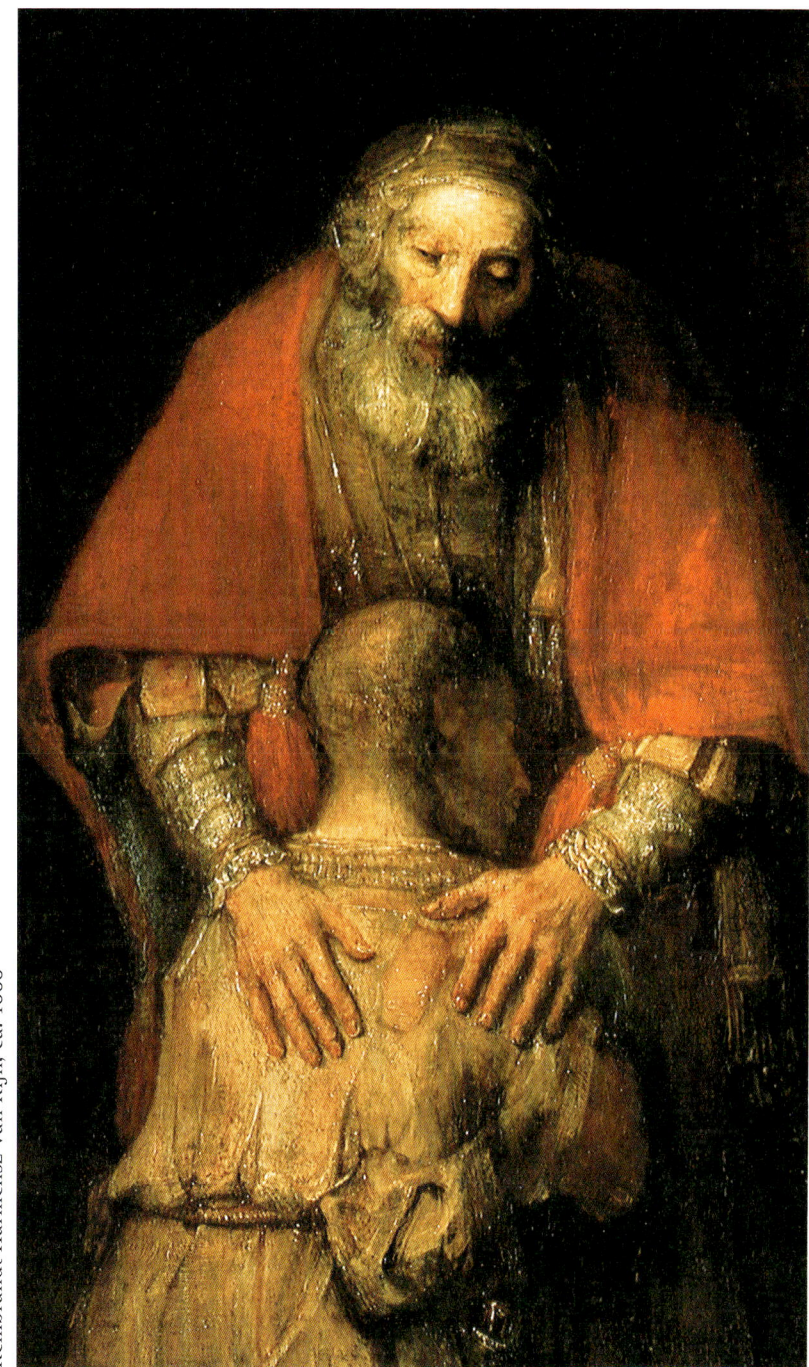

Rembrandt Harmensz van Rijn, ca. 1668

Der richtende Gott

Stephan 1349

Wie still es ist. Nur das Knirschen unter den Schritten der Mönche ist zu hören. Mit der Abenddämmerung ist die Kälte wiedergekommen und hat den Schneematsch hart gefroren. An den Dachrändern hängen dort, wo am Nachmittag das Wasser heruntergetropft ist, Eiszapfen. Der fahle Nachthimmel ist wolkenüberzogen. Es wird bald wieder schneien. Ein eisiger Wind fegt durch die Gassen.
Bruder Stephan krallt die nackten Zehen zusammen. Er spürt seine Füße kaum noch. Die Ledersohlen seiner Sandalen sind steif gefroren. Als Letzter geht er unter dem Portal der Kirche hindurch, hinaus in die klirrende Winternacht. Die Mönche stimmen das „Miserere nobis" an. Dumpf hallt der Gesang zwischen den Häusern. Erbarme dich unser.
Im Schein der Pechfackeln sieht Stephan schemenhaft die Figuren über den Pfeilern. Es sind alte Reliefs, denn die Kirche, die die Klosterbrüder eben verlassen, ist eine der ältesten der Stadt. Würde er sich umdrehen, er könnte vielleicht im Halbdunkel das lächelnde Antlitz der Muttergottes sehen, die dort oben im Bogen über dem Portal thront.
Stephan kennt die Botschaft dieser in Stein gehauenen Bilder genau. Zur Rechten würgt ein Standhalter die widerwärtigen Schlangen der Wollust und der Gier. Ja, das Leben ist ein fortwährender Kampf gegen die Versuchung. Links aber wird ein Sünder von Dämonen kopfvoran ins Fegefeuer gestoßen. Unvorstellbare Qualen und unendliche Pein erwarten ihn dort. Am Jüngsten Tag wird er gerichtet werden. Nur wer Buße tut, nur wem die Absolution erteilt wird, kann sich davor bewahren, auf ewig in der Hölle zu schmoren. Die Menschen sind sündig. Gott steh' ihnen bei. Gott steh' uns bei.
Dort beim Hauseingang karrt einer Tote weg. Die wievielten? Vorne gehen die Träger mit der von Pfeilen durchbohrten Holzfigur. Der Märtyrer am Pfahl schwankt hin und her. Heute ist der 20. Januar, der Festtag des Heiligen Sebastian, Patron und Helfer der Pestkranken.
Es war die zweitletzte Kirche, in welcher eine Messe gelesen wurde. Seit heute Morgen sind die Mönche des Franziskanerordens auf ihrer Prozession unterwegs. Sie schreiten die Stadt ab, machen Halt in jedem Gotteshaus und bitten den Allmächtigen um seinen Beistand. Der Zug bewegt sich langsam die Gasse hinauf. Stephan friert. Er trägt die Fackel krampfhaft in der linken Hand vor sich her. Die Stadt ist verlassen. Nur ein Bettler, ein Aussätziger, steht am Straßenrand. Sein mit Lappen umwickelter Beinstumpf ist auf einem Holzbock festgebunden. Wer wird ihm ein Almosen geben? Niemand.
Die Menschen verstecken sich, ein jeder verschließt die Tür, meidet seine Nachbarn und betet zu Gott, er möge sein Haus verschonen. Ja, die Seuche zieht von Haus zu Haus. Manchmal überspringt sie eines, schlägt einen Haken, um einige Zeit später dort zuzuschlagen, wo man frohlockt.

GRABTEPPICH, UM 1450

Da sitzen am Morgen die Leute noch fröhlich beisammen, am Mittag befällt sie das Fieber und schon am Abend sitzen sie zu Tisch bei den Toten der Jenseitswelt.

Stephan seufzt. Gestern fand man Bruder Ursus fiebernd, mit den blauen Beulen unter den Achseln in seiner Kammer. Stephan hat sich ein mit Essig getränktes Tuch vor den Mund gebunden und hat ihm zu trinken gebracht. Die Zunge des Kranken war schwarz und rissig und in der Nacht hat er schwarzes Blut erbrochen. Es wird ihm nicht zu helfen sein. Dabei dachte man, hinter den Klostermauern sei man sicher. Aber das stimmt nicht. Schon sieben Brüder wurden begraben. Und in den Augen aller Klosterbrüder steht die Frage geschrieben: Wer kommt als Nächster dran? Weshalb helfen nicht einmal Bittgänge und Prozessionen?

Wir sind Sünder. Wir sind alle Sünder, denkt Stephan. Gott straft uns für unsere Sünden. Es hat schon früher angefangen. Waren nicht die Missernten und die Überschwemmungen Vorboten der Pestilenz? Und das Antoniusfeuer, diese schreckliche Krankheit, die nach dem nassen Sommer vor einigen Jahren so viele Menschen dahingerafft hat?

Die Stadt ist kalt und still. Bald wird der Zug der Mönche vor der nächsten Kirche Halt machen. Es hat leise zu schneien angefangen.

Stephan hat Angst. Sie sitzt ihm im Nacken, sie umklammert mit kalter Hand sein Herz. Er will nicht sterben, noch nicht. Hat er nicht sein Leben in den Dienst Gottes und der Barmherzigkeit gestellt? Sein Alltag bestand bis jetzt nur in Gebet, in Studium, in Arbeit und Demut.

Nein, Stephan möchte nicht sterben. Aber wird das Leben je wieder so sein wie früher? Was, wenn die Seuche nicht einhält? Wenn das große Sterben weitergeht? Es ist Gottes Strafe. Es ist sein Wille, dass die Menschheit darniederliegt.

Die Flamme vor Stephans Augen flackert, züngelt empor und fällt wieder in sich zusammen. Er sieht immer nur die dunklen Kutten und die Kapuzen der beiden Brüder, die schwankend vor ihm gehen. Die Fackeln werfen zuckende Schatten an die Hausmauern. Vom nahen Kirchturm tönt Glockengebimmel – die Komplet.

Stephan schließt für einen Augenblick die Augen, stolpert über eine vereiste Schneewehe am Boden. „Heilige Muttergottes", sagt er leise zu sich. Das Schneetreiben wird immer dichter. Er wickelt sich fest in die grobe Kutte. Wieder ist ein Flackern in seinen Augen. Da fährt plötzlich ein glühender Strom durch seinen Körper. Die Fackel fällt zu Boden und erlischt.

Stephan greift sich mit klammen Fingern an die Stirn. Sie ist feucht und heiß. Schweiß bricht ihm auf den Handflächen, auf der Oberlippe aus. Wie aus weiter Ferne hört er den Gesang der Brüder, der in seinen Ohren langsam zu einem Rauschen anschwillt. *Anita Siegfried*

Wege zu Gott

ANONYMER HOLZSCHNITT, 1617

Der Ablass

Die Menschen im Mittelalter waren den Strafen des Fegefeuers nicht vollkommen ausgeliefert. Sie waren dankbar dafür, dass die Kirche ihnen ein Mittel zur Verfügung gestellt hatte, um die ihnen bevorstehende Zeit im Fegefeuer zu verkürzen oder diesen Aufenthalt sogar zu vermeiden. Es handelt sich um den *Ablass*: Im Austausch gegen eine Bußleistung bekam man von der Kirche einen Teil der Sündenstrafen erlassen, freilich aber erst, nachdem man seine Sünden gebeichtet und von der Kirche Vergebung erlangt hatte.

Eine von einem Bischof, Kardinal oder Papst erlassene Urkunde, an der mehrere Wachssiegel hingen, verbriefte den gewährten Straferlass.

Im Spätmittelalter ging man immer mehr dazu über, die Bußleistung durch eine Geldzahlung zu ersetzen; ebenso verschwamm die wichtige Unterscheidung zwischen dem Strafnachlass, den man sich durch Geldzahlungen erkaufte, und der Sündenvergebung, die eigentlich keinem Handel unterworfen werden durfte. Das Seelenheil schien durch Geld käuflich zu werden. Regelrechte Ablasskampagnen liefen, bei denen Ablassurkunden zum Verkauf angeboten wurden. Eine dieser Kampagnen betrieb der Dominikanermönch *Johann Tetzel 1517* im Nachbargebiet von Wittenberg. Die hieraus entstehenden, aus *Martin Luthers* Sicht zerstörerischen, seelischen Folgen forderten den Augustiner-Eremitenmönch heraus, dieser wichtigen Institution der spätmittelalterlichen Kirche zu widersprechen.

Der barmherzige Gott

Sebastian Dayg, 1511

Erst lange nachdem Martin Luther Mönch geworden war, fühlte er sich von Gott wirklich angenommen. Wie das geschah, erzählt er 1545 im Rückblick so:

Mit außerordentlicher Leidenschaft war ich davon besessen, Paulus im Brief an die Römer kennen zu lernen. Nicht die Herzenskälte, sondern ein einziges Wort im ersten Kapitel (V.17) war mir bisher dabei im Wege: „Die Gerechtigkeit Gottes wird darin (im Evangelium) offenbart." Ich hasste nämlich dieses Wort „Gerechtigkeit Gottes", weil ich unterwiesen war, es philosophisch von der formalen oder aktiven Gerechtigkeit zu verstehen, nach welcher Gott gerecht ist und die Sünder und Ungerechten straft. Ich konnte den gerechten, die Sünder strafenden Gott nicht lieben, im Gegenteil, ich hasste ihn sogar. Wenn ich auch als Mönch untadelig lebte, fühlte ich mich vor Gott doch als Sünder und mein Gewissen quälte mich sehr. Und wenn ich mich auch nicht in Lästerung gegen Gott empörte, so murrte ich doch heimlich gewaltig gegen ihn. Da erbarmte sich Gott meiner.
Tag und Nacht war ich in tiefe Gedanken versunken, bis ich endlich den Zusammenhang der Worte beachtete: „Die Gerechtigkeit Gottes wird in ihm (im Evangelium) offenbart, wie geschrieben steht: Der Gerechte lebt aus dem Glauben." Da fing ich an, die Gerechtigkeit Gottes als eine solche zu verstehen, durch welche der Gerechte als durch Gottes Gabe lebt, nämlich aus dem Glauben. Ich fing an zu begreifen, dass dies der Sinn sei: Durch das Evangelium wird die Gerechtigkeit Gottes offenbart, nämlich die passive, durch welche uns der barmherzige Gott durch den Glauben rechtfertigt, wie geschrieben steht: „Der Gerechte lebt aus dem Glauben." Da fühlte ich mich wie ganz und gar neu geboren und durch offene Tore trat ich in das Paradies selbst ein. Da zeigte mir die ganze Schrift ein völlig anderes Gesicht. Ich ging die Schrift durch, soweit ich sie im Gedächtnis hatte, und fand auch bei anderen Worten das Gleiche, z.B. „Werk Gottes" bedeutet das Werk, welches Gott in uns wirkt; „Kraft Gottes" – durch welche er uns kräftig macht; „Weisheit Gottes" – durch welche er uns weise macht. Mit so großem Hass, wie ich zuvor das Wort „Gerechtigkeit Gottes" gehasst hatte, mit so großer Liebe hielt ich jetzt dies Wort als das allerliebste hoch. So ist mir diese Stelle des Paulus in der Tat die Pforte des Paradieses gewesen.

Gott Vater – Gott Bruder

Nun freut euch, lieben Christen g'mein

1. Nun freut euch, lieben Christen g'mein,
   und lasst uns fröhlich springen,
   dass wir getrost und all in ein
   mit Lust und Liebe singen,
   was Gott an uns gewendet hat
   und seine süße Wundertat;
   gar teu'r hat er's erworben.

2. Dem Teufel ich gefangen lag,
   im Tod war ich verloren,
   mein Sünd mich quälte Nacht und Tag,
   darin ich war geboren.
   Ich fiel auch immer tiefer drein,
   es war kein Guts am Leben mein,
   die Sünd hatt' mich besessen.

3. Mein guten Werk, die galten nicht,
   es war mit ihn' verdorben;
   der frei Will hasste Gotts Gericht,
   er war zum Gutn erstorben;
   die Angst mich zu verzweifeln trieb,
   dass nichts denn Sterben bei mir blieb,
   zur Höllen musst ich sinken.

4. Da jammert Gott in Ewigkeit
   mein Elend übermaßen;
   er dacht an sein Barmherzigkeit,
   er wollt mir helfen lassen;
   er wandt zu mir das Vaterherz,
   es war bei ihm fürwahr kein Scherz,
   er ließ's sein Bestes kosten.

5. Er sprach zu seinem lieben Sohn:
   „Die Zeit ist hier zu erbarmen;
   fahr hin, meins Herzens werte Kron,
   und sei das Heil dem Armen
   und hilf ihm aus der Sünden Not,
   erwürg für ihn den bittern Tod
   und lass ihn mit dir leben."

6. Der Sohn dem Vater g'horsam ward,
   er kam zu mir auf Erden
   von einer Jungfrau rein und zart;
   er sollt mein Bruder werden.
   Gar heimlich führt er sein Gewalt,
   er ging in meiner armen G'stalt,
   den Teufel wollt er fangen.

7. Er sprach zu mir: „Halt dich an mich,
   es soll dir jetzt gelingen;
   ich geb mich selber ganz für dich,
   da will ich für dich ringen;
   denn ich bin dein und du bist mein
   und wo ich bleib, da sollst du sein,
   uns soll der Feind nicht scheiden.

10. Was ich getan hab und gelehrt,
    das sollst du tun und lehren,
    damit das Reich Gotts werd gemehrt
    zu Lob und seinen Ehren;
    und hüt dich vor der Menschen Satz*,
    davon verdirbt der edle Schatz:
    Das lass ich dir zur Letze**."

T.: Martin Luther, 1523 (EG 341)

* Gesetz / ** Abschied

Allein aus Glauben

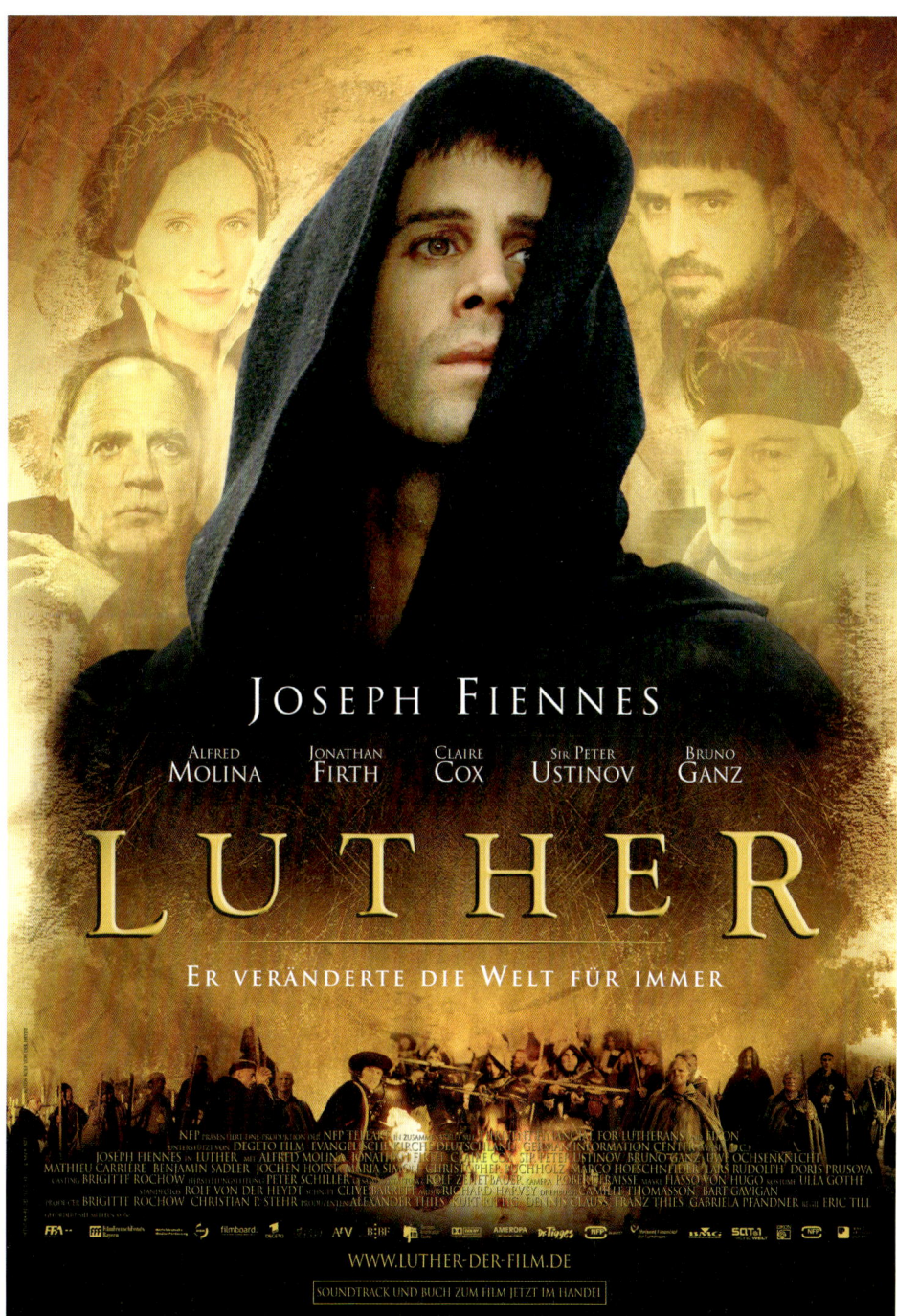

Vom verlorenen Sohn

Und er sprach: Ein Mensch hatte zwei Söhne. Und der jüngere von ihnen sprach zu dem Vater: Gib mir, Vater, das Erbteil, das mir zusteht. Und er teilte Hab und Gut unter sie. Und nicht lange danach sammelte der jüngere Sohn alles zusammen und zog in ein fernes Land; und dort brachte er sein Erbteil durch mit Prassen.

Als er nun all das Seine verbraucht hatte, kam eine große Hungersnot über jenes Land und er fing an zu darben und ging hin und hängte sich an einen Bürger jenes Landes; der schickte ihn auf seinen Acker, die Säue zu hüten. Und er begehrte, seinen Bauch zu füllen mit den Schoten, die die Säue fraßen; und niemand gab sie ihm.

Da ging er in sich und sprach: Wie viele Tagelöhner hat mein Vater, die Brot in Fülle haben und ich verderbe hier im Hunger! Ich will mich aufmachen und zu meinem Vater gehen und zu ihm sagen: Vater, ich habe gesündigt gegen den Himmel und vor dir. Ich bin hinfort nicht mehr wert, dass ich dein Sohn heiße; mache mich zu einem deiner Tagelöhner!

Und er machte sich auf und kam zu seinem Vater. Als er aber noch weit entfernt war, sah ihn sein Vater und es jammerte ihn; er lief und fiel ihm um den Hals und küsste ihn.

Der Sohn aber sprach zu ihm: Vater, ich habe gesündigt gegen den Himmel und vor dir; ich bin hinfort nicht mehr wert, dass ich dein Sohn heiße. Aber der Vater sprach zu seinen Knechten: Bringt schnell das beste Gewand her und zieht es ihm an und gebt ihm einen Ring an seine Hand und Schuhe an seine Füße und bringt das gemästete Kalb und schlachtet's; lasst uns essen und fröhlich sein! Denn dieser mein Sohn war tot und ist wieder lebendig geworden; er war verloren und ist gefunden worden. Und sie fingen an, fröhlich zu sein.

Aber der ältere Sohn war auf dem Feld. Und als er nahe zum Hause kam, hörte er Singen und Tanzen und rief zu sich einen der Knechte und fragte, was das wäre. Der aber sagte ihm: Dein Bruder ist gekommen und dein Vater hat das gemästete Kalb geschlachtet, weil er ihn gesund wieder hat.

Da wurde er zornig und wollte nicht hineingehen. Da ging sein Vater heraus und bat ihn. Er antwortete aber und sprach zu seinem Vater: Siehe, so viele Jahre diene ich dir und habe dein Gebot noch nie übertreten und du hast mir nie einen Bock gegeben, dass ich mit meinen Freunden fröhlich gewesen wäre. Nun aber, da dieser dein Sohn gekommen ist, der dein Hab und Gut mit Huren verprasst hat, hast du ihm das gemästete Kalb geschlachtet.

Er aber sprach zu ihm: Mein Sohn, du bist allezeit bei mir und alles, was mein ist, das ist dein. Du solltest aber fröhlich und guten Mutes sein; denn dieser dein Bruder war tot und ist wieder lebendig geworden, er war verloren und ist wiedergefunden.

Lk 15,11-32

Hieronymus Bosch, um 1510

Frei, um für andere da zu sein

Wohlan, mein Gott hat mir unwürdigem, verdammtem Menschen ohne alle Verdienste, rein umsonst und aus eitel Barmherzigkeit, durch und in Christus den vollen Reichtum aller Frommheit und Seligkeit gegeben, sodass ich hinfort nichts mehr bedarf als zu glauben, dass es so sei. Ei, so will ich solchem Vater, der mich mit seinen überschwänglichen Gütern so überschüttet hat, wiederum frei, fröhlich und umsonst tun, was ihm wohlgefällt, und meinem Nächsten gegenüber auch ein Christ werden, so wie Christus es mir geworden ist, und nichts mehr tun als das, wovon ich sehe, dass es ihm not, nützlich und selig ist, weil ich doch durch meinen Glauben in allen Dingen in Christus genug habe. Sieh, so fließt aus dem Glauben die Liebe und die Lust zu Gott und aus der Liebe ein freies, williges, fröhliches Leben, dem Nächsten umsonst zu dienen.

Denn so wie unser Nächster Not leidet und unseres Überflusses bedarf, so haben ja auch wir Not gelitten und seiner Gnade bedurft. Darum sollen wir so, wie uns Gott durch Christus umsonst geholfen hat, durch den Leib und seine Werke nichts anderes tun als dem Nächsten helfen.

Martin Luther, 1520

Trotzdem

Die alte Frau mit der großen Einkaufstasche musste zwei Mal fragen, bis sie das Gefängnis in der Berliner Straße fand. In der Eingangshalle blieb sie unschlüssig stehen. Ein Mann in Uniform kam vorüber. „Sie wollen sicher jemanden besuchen", sagte er. „Dort ist das Büro, wo Sie sich anmelden müssen." Die alte Frau nickte dankbar und ging in das Büro.
„Ich wollte den Herbert besuchen", sagte sie zu dem Mann hinter dem Schreibtisch. Ihre Hände zitterten vor Aufregung.
„Haben Sie eine Besuchserlaubnis?", fragte der Mann. Die alte Frau nickte und kramte einen Zettel aus der Tasche. Sie reichte ihn dem Mann und sagte: „Der Herbert ist nämlich mein Enkel. Mein Sohn hat zwei Jungen, den Werner und den Herbert. Der Werner ist der Ältere, der studiert schon. Arzt will er werden. Mein Sohn und meine Schwiegertochter sind so stolz auf ihn. Der Herbert ist gegen ihn nie angekommen. In der Schule hat er bei jeder Versetzung Mühe gehabt."
„Sie können dort drüben im Wartesaal Platz nehmen", sagte der Mann. „Sie werden aufgerufen."
Aber die alte Frau blieb noch stehen. „Wissen Sie", sagte sie zu dem Mann, „sein ganzes Leben lang hat er nichts anderes zu hören bekommen als ‚Nimm dir doch ein Beispiel an deinem Bruder'. Vor allem in der Schule." Der Mann nickte zerstreut. Er hatte viel zu tun.
„Niemand hat ihn gemocht", sagte die alte Frau, „weder zu Hause noch in der Schule. Deshalb kam er so gern zu mir. Ich hab ihn gern."
„Ja, ja", sagte der Mann etwas ungeduldig.
Die alte Frau nickte und ging hinüber in den Wartesaal. Verlegen grüßte sie die anderen Leute, die hier warteten, und suchte sich einen Stuhl. Neben ihr saß eine etwas jüngere Frau, die gleich ein Gespräch anfing. „Sie sind wohl das erste Mal hier?", fragte sie. „Ja", sagte die alte Frau. „Er ist noch nie im Gefängnis gewesen. Für mich war das alles neu, mit der schriftlichen Besuchserlaubnis und so. Ich hab zuerst meinen Sohn gebeten, dass er mir hilft. Aber er hat gesagt: ‚Ich will mit dem Herbert nichts mehr zu tun haben.' Da hat mir dann ein Nachbar geholfen."
„Was hat er denn getan, Ihr Herbert?", fragte die jüngere Frau. „Feuer gelegt", seufzte die alte Frau. „Ach, der ist das?", rief die jüngere Frau und machte entsetzte Augen. „Von dem hab ich in der Zeitung gelesen. Herbert Mosbacher, nicht wahr? Einen ganzen Schulhausbau hat er auf dem Gewissen und noch ein Wohnhaus, das daneben stand."
„Ja", sagte die alte Frau, „es war die Schule, in die er früher gegangen ist." „Und dabei ist doch ein alter Mann ums Leben gekommen!", rief die jüngere Frau. Ihre Backen wurden rot. „Also an Ihrer Stelle würde ich den nicht besuchen", sagte die jüngere Frau. „Der ist ja gemeingefährlich."

„Aber er hat doch niemanden als mich", sagte die alte Frau. Aber die jüngere Frau hatte sich abgewandt und sprach nicht mehr mit ihr. So blieb auch sie still sitzen, bis sie aufgerufen wurde.

„Diese Tasche", sagte der Mann, der sie durch einen langen Gang führte, „müssen Sie jetzt in ein Schließfach einschließen." Er half ihr, dann führte er sie in einen kahlen Raum. Da saß sie nun auf der Stuhlkante und starrte auf die gegenüberliegende Tür.

Als die Tür aufging und ein junger Mann eintrat, fuhr sie hoch. Er starrte sie an. Hinter ihm erschien ein anderer Mann in Uniform, der sich auf den Stuhl in der Ecke setzt und eine Zeitung hervorzog.

„Junge", sagte die alte Frau und streckte ihre Hände aus. Tränen schossen ihr in die Augen.

„Du bist schmal geworden", sagte sie. „Ja", sagte er. Eine Weile saßen sie sich stumm gegenüber, dann sagte Herbert mühsam: „Fahr heim. Es hat alles keinen Zweck."

„Was hat keinen Zweck?", fragte sie. Er setzte ein paar Mal an, dann sagte er: „Graut dir nicht vor mir?"

„Der Lehrer Annweiler hat mir geholfen", antwortete sie. „Er hat für mich telefoniert und geschrieben und ist mit mir in die Büros gegangen. Ich habe erreicht, dass du zu mir kommen kannst, bis die Gerichtsverhandlung stattfindet." „Oma", sagte der Junge und sprang auf. „Das kannst du doch nicht machen. Ich könnte dir das Haus anzünden."

„Ach, Junge", sagte sie, „was redest du da. Bück dich ein bisschen, damit ich dir über das Haar streichen kann. Du kannst mir erstmal im Laden zur Hand gehen. Ich hab dir die Dachkammer zurechtgemacht. Es ist alles darin noch so wie früher."

Er starrte sie an und presste die Lippen aufeinander.

„Du kommst doch?", fragte sie. Da beugte er sich zu ihr herab, legte seinen Kopf auf ihre Schulter und schluchzte.

„Dies darf ich nicht dulden", sagte der Mann in Uniform. „Und außerdem ist die Besuchszeit jetzt zu Ende."

„Der Annweiler hat gesagt, in etwa vierzehn Tagen werden sie dich aus der Untersuchungshaft entlassen", sagte sie noch. Er nickte. Danach sprachen sie nichts mehr. Zum Abschied lächelten sie einander nur an.

Gudrun Pausewang

Lernen fürs Leben

Mit dem Evangelischen Gesangbuch umgehen

Das Evangelische Gesangbuch (EG) kennst du aus dem Gottesdienst. In ihm sind viele Lieder und Texte aus verschiedenen Jahrhunderten versammelt, alte, aber auch ganz neue. Wie können wir mit dem Gesangbuch vertrauter werden?

Erste Erkundungen

- Wir führen in Gruppen Interviews durch und fragen Menschen nach ihren Gesangbucherfahrungen.
- Wir blättern und verschaffen uns einen Überblick über den Aufbau des Gesangbuches.
- Wir überlegen, warum es keine Seitenzahlen, sondern Nummern gibt.
- Wir suchen Beispiele dafür, dass im Gesangbuch auch Gebete und Gedichte zu finden sind.
- Wie überfliegen das „Alphabetische Verzeichnis" ganz hinten und listen auf, welche Lieder wir kennen.
- Wir suchen Psalm 23 im Gesangbuch und finden Vertonungen des Psalms.
- Wir schlagen Nummer 959 auf und stellen fest, welche Lieder aus Italien/USA usw. kommen.

Berühmte Liederdichter

- Wir stellen fest, wo im Gesangbuch man etwas über Dichter und Komponisten erfährt.
- Wir finden das in diesem Kapitel angesprochene Lied „Nun freut euch, lieben Christen g'mein" und sammeln weitere Liedanfänge Martin Luthers.
- Wir finden heraus, wer das berühmte Lied „Geh aus, mein Herz, und suche Freud" gedichtet hat und stellen Informationen über den Lieddichter zusammen (Poster).
- Wir beschäftigen uns mit den Gesangbuchliedern Detlev Jöckers, des erfolgreichsten Kinderliedmachers unserer Zeit (z. B. Texte genau lesen, Strophen hinzudichten usw.).
- Wir finden Taizé-Lieder und informieren uns über diese Gemeinschaft.

Lieder zu bestimmten Zeiten oder Anlässen

- Wir stellen Advents- und Weihnachtslieder für einen Weihnachtsgottesdienst zusammen, indem wir das Verzeichnis 050 durchschauen.
- Wir überlegen, welches Lied wir gern bei unserer Konfirmation singen würden (050).
- Wir suchen aus folgender Liste Lieder für den nächsten Schulgottesdienst heraus: EG 170, 171, 178, 182, 229, 268, 272, 285, 334, 416, 419, 420, 433, 515.
- Wir ordnen in Gruppenarbeit dem Jahreskreis des Kirchenjahres Gesangbuchlieder zu (vgl.: Religion entdecken, verstehen, gestalten 5/6, S. 172).

Aufgaben – Impulse – Projektideen

- 151 BILD: ▶▶Bildet Zweiergruppen und stellt die Situation des Bildes nach. Erfindet dazu eine Szene, die vor der dargestellten stattgefunden hat. Stellt beide Szenen der Klasse vor. ▶▶Lest danach das Gleichnis bei Lk 15,11–32 (siehe S. 160). Welche Unterschiede stellt ihr fest zwischen eurem Spiel und dem Inhalt des Bibeltextes? ▶Finde ein passendes Attribut für den Vater.

- 152/154 STEPHAN 1349: ▶▶Lest die Geschichte in der Klasse vor. Schreibe in Stichpunkten auf, was der Mönch Stephan bei der Prozession durch die Stadt a) erlebt und b) denkt. Und c): Wovor hat er Angst? ▶▶Recherchiert über die Pest und haltet einen Kurzvortrag. ▶▶Gestaltet eine Collage, auf der zu sehen ist, wovor Menschen Angst haben.

- 153 GRABTEPPICH: ▶Notiere fünf Details, die dir auf diesem Teppich besonders auffallen. Schreibe jeweils daneben, was sie bedeuten könnten. ▶▶Fasst zusammen, welche Vorstellung hier abgebildet ist. Wie hängt das Dargestellte mit der Geschichte „Stephan 1349" zusammen? ▶▶Besprecht, was den hier abgebildeten Christus von anderen Christusabbildungen unterscheidet, die ihr kennt. ▶Zeichne das für dich wichtigste Symbol mit Buntstiften ab.

- 155 HOLZSCHNITT: ▶Stelle dar, wie sich der Ablasshandel vom Mittelalter zum Spätmittelalter gewandelt hat. ▶▶Diskutiert, was Martin Luther am Ablasshandel gestört hat. ▶▶Informiert euch darüber, welche anderen Wege zu Gott Menschen im Spätmittelalter gegangen sind.

- 156 DER BARMHERZIGE GOTT: ▶Suche dir eine Person/Figur des Bildes aus und notiere alles, was sie charakterisiert (Farben, Attribute, Gesten …). ▶▶Erstellt gemeinsam eine Gesamtbeschreibung und -deutung des Bildes. ▶„Die Taube breitet ihre Flügel über …" – oder „Das Schwert in beiden Händen …"– Schreibe einen kurzen Text, der in einem Museum neben diesem Bild hängen könnte, damit man es versteht.

■ 157 Martin Luther: ▶Lies den Text und notiere die Sätze, die schwer zu verstehen sind. ▶▶Besprecht diese Passagen in der Klasse. ▶▶Wo liegt der Wendepunkt in Luthers Gotteserfahrung? Wie fühlte er sich davor, wie danach? Wie ist Gott nach Luthers Vorstellungen, wie ist Gott nicht? ▶Finde mehr über die Reformationszeit heraus und verfasse einen Zeitungsartikel über das Wirken und die Bedeutung Luthers.

■ 158 Lied: ▶Schreibe aus jeder Strophe die dir wichtigsten Begriffe oder die wichtigste Zeile heraus. ▶Erzähle die im Lied vertonte „Geschichte" mit eigenen Worten nach.

■ 159 Filmplakat: ▶▶Stellt Material über „Luther. Der Film" zusammen (Internet), z.B.: Was ist sein Anliegen? Was sagen die Schauspieler? Was sagen Kritiker? ▶▶Verschafft euch Luther-Porträts (Internet, Bildbände, Lexika); vergleicht mit der Luther-Darstellung auf dem Filmplakat. ▶Versetze dich in den auf dem Plakat abgebildeten Luther: Schreibe seine Gedanken auf.

■ 160 Vom verlorenen Sohn: ▶▶Spielt die Geschichte pantomimisch nach. Für die Zuschauenden: Welche der Personen ist euch am sympathischsten? Begründet! ▶▶Erörtert, ob ihr diese Geschichte gerecht findet.

■ 161 Bild: ▶▶Besprecht zu zweit, welche Szene hier abgebildet ist. Nennt jeweils fünf Details, die euch besonders auffallen, und vergleicht sie.

■ 162 Martin Luther: ▶Christus hat den Menschen geholfen. Wie will Martin Luther nun selbst seinem Nächsten dienen? Zeichne dazu eine Skizze von ihm mit einer Denkblase. ▶Entwirf zwei SMS: Was würde die Figur unter dem Regenschirm an den Durchnässten schreiben und wie wäre es umgekehrt?

■ 163/164 Trotzdem: ▶▶Entwickelt eine Reportage, in der zuerst die alte Frau, dann der Häftling und schließlich die beiden in der Besuchszeit porträtiert werden. Nehmt Bezug auf die Geschichte vom Verlorenen Sohn.

Entdeckt, verstanden, gestaltet

Rechtfertigung: Von Angst befreit

Ich weiß,	■ dass im Mittelalter viele Christen in Angst lebten, vor allem vor dem streng richtenden Gott,
und kann	■ dies genauer erklären, z. B. mit den Lebensbedingungen damals (Pest) oder der Vorstellung vom Fegefeuer.
Ich kann	■ erläutern, wie der veränderte spätmittelalterliche Umgang mit dem Ablass (z.B. durch Johann Tetzel!) die Angst der Menschen ausnutzte.
Ich kann	■ den Anlass und die Wirkung der 95 Thesen Martin Luthers beschreiben.
Ich kann	■ weitere wichtige Stationen im Lebenslauf Martin Luthers benennen.
Ich kann	■ beschreiben, wie sich das Gottesbild Martin Luthers veränderte,
und kann	■ die Bibelstelle, durch die Martin Luther zu seinem neuen Gottesbild fand, nennen und erläutern.
Ich kenne	■ ein Gesangbuchlied Martin Luthers, das seine theologische und persönliche Wende anschaulich macht.
Ich kann	■ das Gleichnis vom Verlorenen Sohn (Lk 15) nacherzählen
und weiß,	■ dass dieses Gleichnis im Kern von Gott, dem barmherzigen Vater, erzählt.
Ich kann	■ erklären, inwiefern für Luther aus Gottes bedingungsloser Liebe der Appell zur Nächstenliebe folgt.
Ich kann	■ eine Geschichte von Schuld, Vergebung und bedingungsloser Liebe erzählen.

Bruder Franziskus

Detail aus einem Fresko von Cimabue in der Unterkirche von San Francesco zu Assisi, um 1280

kurzbiografie

wo er auch auftrat
ein mann des leichten schrittes
verbrannte er sich die füße
denn er ging immer barfuß

längst
hatte er seine schuhe ausgezogen
weil alles für ihn heilig war:
das gras im wind
der sand zwischen den zehen
der blitz
die freude die verborgen blieb
das unglück zur rechten zeit
heilig das lächeln des kindes
heilig der mann der für ihn starb
heilig er selbst
im leben für diesen mann

heilig und wert
nichts mit nichts zu vergleichen
sondern die vollkommenheit des werdens
in allem zu sehen

schon vor seinem tod
waren viele geschichten über ihn im umlauf
die bei erzählern und hörern
meistens ein lächeln hervorriefen

er aber ging barfuß
bis zum letzten tag

Ulrich Schaffer

Arm und Reich

MINIATUR, ANFANG 14. JH.

Im 12. und 13. Jahrhundert waren die Städte in Norditalien Zentren des Fortschritts. Die neue Wirtschaftsform der Manufaktur und der Fernhandel machten viele Bürger reich. Die Städte wuchsen. All das veränderte das Zusammenleben der Menschen. Das Geld gewann eine immer bedeutendere Rolle, indem man es nicht nur als Zahlungsmittel einsetzte, sondern es auch gegen Zins verlieh. In der blühenden Industrie dieser Zeit kam vor allem der Tuchherstellung eine Schlüsselstellung zu.

Die veränderte Wirtschaftsform führte auch dazu, dass viele ungelernte Arbeitskräfte und manche Handwerker keine Arbeit fanden. Gleichzeitig stieg die Bevölkerungszahl in Europa stark an und große Hungersnöte verstärkten die Wirkungen des gesellschaftlichen Wandels. So lebten damals viele Menschen in Europa in großer Armut.

Neben diesen unfreiwillig Armen kannte das Mittelalter auch die freiwillig Armen. Die Mönche der Zeit nannten sich „pauper" (arm), weil sie keine persönliche Habe besaßen. Außerdem versuchten „Einsiedler" durch ihre freiwillige Armut die Lebensweise Jesu nachzuahmen. Die Mönche und Einsiedler waren der Überzeugung, dass Jesus Christus zu einem armseligen, leidenden Menschen geworden ist, um allen Menschen das Heil zu bringen. Weil jeder Mensch in Wahrheit vor Gott arm ist, kann nur der wahrhaft Arme Gott nahe sein. Wer sich hingegen an irdischen Besitz klammert, verliert die Aussicht auf wahres Leben.

Als Reaktion auf die wirtschaftlichen und sozialen Veränderungen dieser Zeit lebten viele „Laien" – also Christen, die weder einem Orden noch dem Klerus angehörten – in freiwilliger Armut und hielten sich an das urchristliche Ideal der Gütergemeinschaft. Die Kirche sah in der Armutsbewegung anfangs eine Irrlehre und verfolgte ihre Anhänger. Als sie sich dennoch weiter ausbreitete, versuchten Papst Innozenz III. und seine Nachfolger, die freiwillig Armen wieder in die Kirche zu integrieren. Dies geschah vor allem durch die Bettelorden.

Cornelia Lorentz

Der Tuchhändler

Bernardones Laden lag am hinteren Ende der Straße, ein recht ungünstiger Platz für einen Kaufmann, der mit teuren Stoffen handelt. Bernardone hatte seine Ware in hohen Stapeln vor dem Laden von einer Seite der Straße zur anderen aufgebaut und die Straße dadurch in eine Sackgasse verwandelt. Das war gegen das Gesetz.
„Bernardone musste schon ein Dutzend Mal Strafe zahlen", sagte Raul, als wir uns unseren Weg durch die mit Waren überquellenden Gestelle bahnten. „Aber die Strafen sind niedrig, er bezahlt sie und besetzt die Straße einfach weiter. Wie sein Sohn hält sich auch Bernardone für einen hohen Herrn, der sich über das Gesetz hinwegsetzen kann."
Ein dicker Herr mit ungepflegtem Bart und einem schäbigen Gewand erschien im Türrahmen.
„Es ist mir eine Ehre", sagte er, nachdem er sich mit einer höflichen Verbeugung vorgestellt hatte, „ein Mitglied der Familie Montanaro begrüßen zu dürfen. Bitte entschuldigt das Durcheinander. Erst gestern erhielt ich eine Schiffsladung voll Tuch aus Flandern – sieben Karren und sieben Esel beladen mit Schätzen, die auf den Regalen auszulegen wir noch keine Zeit gefunden haben."
Ich entdeckte die schlanke Gestalt seines Sohnes. Er sah mir entgegen, den Kopf zur Seite gelegt, als ich gelassen, aber klopfenden Herzens über das Kopfsteinpflaster auf ihn zuging.
Raul nannte den beiden seinen und meinen Namen, den Bernardone prompt falsch verstand – Pica statt Ricca –, was kein guter Anfang war.
„Ich habe Euch schon einmal gesehen", sagte Francesco lächelnd, „auf dem Weg nach San Subasio." „Nicht nur dort", erwiderte ich. „Auch in unserem Hof mit dem Stier. Und vor Monaten, als Ihr auf der Piazza gesungen habt." „O ja, Ihr wart auf dem Balkon und hattet ein weißes Kleid an. Ich sah Euch, während ich sang." Er runzelte die Stirn und verstummte. Er hatte sich verändert. Von den wenigen Malen, die ich ihn gesehen hatte – im dämmrigen Kerzenlicht des Doms und auf der Piazza, über der dunstig der ölige Rauch der Fackeln lag –, hatte ich keine klare Vorstellung, wie er eigentlich aussah. Aber als ich ihn jetzt bei Tageslicht sah, war ich sicher, dass er sich verändert hatte. Er war nicht mehr der lächelnde junge Mann, den ich gesehen hatte. Er war schmaler, als ich ihn in Erinnerung hatte. Vor allem seine Augen, die unter den schwarzen Brauen tief in ihren Höhlen lagen, waren anders. Sie wirkten beunruhigt. Konnte Rauls Geschichte wahr sein? Machte er sich Sorgen über die Drohungen, die sein Vater gegen ihn ausgestoßen hatte? Um seine düstere Stimmung Lügen zu strafen, trug er ein höchst fröhliches und bezauberndes Kostüm – ein Bein aus schwarzer Seide, das andere aus roter,

dazu eine Tunika in drei oder vier verschiedenen Farben, zusammengehalten von einem regenbogenfarbenen Gürtel.

„Steh nicht so einfältig herum", sagte Bernardone. „Zeig der jungen Dame den neuen Damast, der erst gestern aus Flandern angekommen ist. Und den kostbaren venezianischen Zindeltaft, der zurzeit kaum zu bekommen ist." Ich war nicht gekommen, um Damast oder Taft zu kaufen, aber da ich nicht sagen konnte, warum ich hier war, sagte ich nichts.

Francesco verschwand in dem langen, schmalen Gewölbe des Ladens, einem Labyrinth von Regalen und, vom schwachen Schein der Laternen abgesehen, so düster wie ein Grab. Er kam mit zwei Ballen Stoff auf die Straße zurück und breitete sie auf einem Gestell aus. Eine Ecke des Tafts drapierte er so über seinem Arm, dass das Sonnenlicht darauf fallen konnte.

„Beachtet bitte den zauberhaften Glanz", sagte er mit mühsam erzwungener Freundlichkeit.

Ich strich mit der Hand über die Seide. „Erinnert sie Euch nicht an einen Frühlingstag", fuhr er fort, „an dem die Wiesen grün sind, der Wind sanft und lieblich weht und Gottes Blumen blühen?" Ich nickte und versuchte mir das vorzustellen.

Auch Bernardone hatte uns beobachtet. Mit einem raschen Schritt trat er auf die Straße, ergriff den Stoffballen, stieß seinen Sohn zur Seite und sagte, die Seide würde ausgezeichnet zu meiner Haut und meiner Haarfarbe passen. Ohne ein Wort verschwand Francesco. „Ich werde ein Stück Taft nehmen", sagte ich. „Mein Vater wird es bezahlen."

Scott O' Dell

Kutte des Franziskus,
Reliquie in der Basilika San Francesco in Assisi

Vom Jungunternehmer zum Habenichts

Francesco Bernardone wurde 1182 in Assisi geboren. Sein Vater Pietro war einer der einflussreichsten Männer der Stadt. Er handelte mit kostbaren Stoffen, die er aus Frankreich importierte. Die Familie war reich. Der älteste Sohn Francesco sollte wie sein Vater Fernkaufmann werden und später das Geschäft übernehmen. Franziskus lernte, was er für diesen Beruf brauchte: Lesen und Schreiben, Rechnen, schriftliche Buchführung, Französisch und Latein. Ein Gelehrter war er nie.
Tatsächlich wurde Franziskus zunächst ein erfolgreicher junger Unternehmer. Sein Lebensstil war zu dieser Zeit aufwändig und großzügig, er ahmte wie viele andere Bürgersöhne die Lebensweise der Adligen nach. Es waren unruhige Zeiten: 1198 kam es in Assisi zum Aufstand der bürgerlichen Schichten gegen den Adel. Die Bürger übernahmen die Herrschaft. Die Adligen der Stadt verbündeten sich mit dem benachbarten Perugia. Im Krieg der beiden Städte 1202 zog Franz wie ein junger Ritter hoch zu Pferd in den Kampf. Er erlebte jedoch die Niederlage Assisis. Die ehrgeizigen Pläne der Bürger scheiterten. Franziskus geriet für ein Jahr in Gefangenschaft. 1204/05 nahm er jedoch erneut an einem Kriegszug nach Apulien teil. Sein Ziel war es, für Verdienste im Kampf zum Ritter geschlagen zu werden. Aber er kam nur bis Spoleto. Von dort kehrte er, noch bevor der Feldzug richtig ausgebrochen war, nach Assisi zurück.
Zwischen 1205 und 1208 veränderte sich Franziskus sehr. Vermutlich im Frühjahr 1206 unternahm er eine Wallfahrt nach Rom. Besonders auffällig war seine Hinwendung zu Armen und Kranken: Der angesehene Kaufmann überwand seinen Ekel und pflegte selbst Aussätzige, die vor den Stadtmauern ohne Hoffnung auf Heilung lebten. Mehr und mehr verließ Franz nun die Stadt, betete und meditierte als Büßer und Einsiedler in den Wäldern. Vor dem Holzkreuz der Kirche San Damiano in der Nähe von Assisi hatte er eine Vision des Gekreuzigten, der ihm sagte: „Franziskus, siehst du nicht, dass mein Haus in Verfall gerät? Geh also hin und stelle es mir wieder her." Franziskus gehorchte und restaurierte mit dem Geld seines Vaters mehrere verfallene Kapellen und Kirchen. Großzügig spendete er auch Armen und Kranken Geld. Seine Berufspflichten vernachlässigte Franziskus immer mehr. Sein Vater war mit dieser Lebensweise nicht einverstanden. Er strengte einen Prozess gegen seinen Sohn vor dem Bischof von Assisi an. Im Februar 1207 kam es zur öffentlichen Verhandlung: Franziskus verzichtete bewusst auf Besitz, Erbe und Kleidung und trennte sich damit endgültig von seiner Familie.

Cornelia Lorentz

Nimm Bitteres für Süßes!

Eine Legende erzählt über Franziskus' Jugend:

Die Kumpanei einer „Brigata", eines Geselligkeitsvereins, wählte Franz zum Tafelmajor. Er ließ sich nicht lumpen und zahlte ein ausgiebiges Essen, wonach die jungen Herren singend durch die nächtliche Stadt marschierten, vorneweg Franz, mit dem Stab des Zeremonienmeisters in der Hand. Auf einmal blieb Franz hinter den anderen zurück. Er sang nicht mehr, er war in tiefes Sinnen versunken. Denn plötzlich hatte ihn Gott berührt, und eine solche Süße erfüllte sein Herz, dass er weder reden noch sich bewegen konnte. Nur jene Süße fühlte er und konnte nichts anderes wahrnehmen. So sehr war er der Empfindung der Sinne entrückt – er erzählte es später selbst –, dass er sich nicht von der Stelle hätte bewegen können, auch wenn man ihn in Stücke geschnitten hätte. Als nun die Gefährten merkten, dass er zurückgeblieben war, kehrten sie um und sahen Franz wie in einen anderen Menschen verwandelt. „Du hast wohl eine Donna im Kopf, die du heimführen willst!" „Ja wirklich! Und die Braut, die ich heimführen möchte, ist edler, reicher und schöner als ihr jemals eine gesehen habt." Die Freunde lachten. Franz aber hatte dies nicht aus sich selbst, sondern aus göttlicher Eingebung gesagt.

Eine Legende erzählt:

Franz begegnete während eines Spazierrittes in der Umgebung von Assisi einem Aussätzigen. Von fürchterlichem Ekel erfüllt, tat sich Franz Gewalt an, stieg vom Pferd, gab dem Mann ein Geldstück und küsste ihm die Hand. Auch jener gab ihm den Friedenskuss. Kurz danach nahm Franz eine größere Summe Geldes und begab sich in das Heim der Leprosen. Alle die Siechen liefen zusammen. Franz reichte jedem ein Geldstück und küsste ihm die Hand. Als er von dannen ging, war wirklich in Süße verwandelt, was vorher bitter gewesen war.

Franziskus beginnt sein Testament mit folgenden Worten (1226):

„So hat der Herr mir, dem Bruder Franziskus, gegeben, das Leben der Buße zu beginnen: Denn als ich in Sünden war, kam es mir sehr bitter vor, Aussätzige zu sehen. Und der Herr selbst hat mich unter sie geführt und ich habe ihnen Barmherzigkeit erwiesen. Und da ich fortging von ihnen, wurde mir das, was mir bitter vorkam, in Süßigkeit der Seele und des Leibes verwandelt. Und danach hielt ich eine Weile inne und verließ die Welt."

Von der Gefährlichkeit des Geldes

Die Lebensweise des Franziskus wirkte ansteckend. Junge Männer aus allen Gesellschaftsschichten schlossen sich ihm an. Sie nannten sich „Minderbrüder" und lebten vor den Toren von Assisi, wo sie mit den Ausgestoßenen der Gesellschaft Gemeinschaft hatten, Aussätzige pflegten und mit den Armen das Wenige teilten, was sie hatten. Sie verdienten ihren Lebensunterhalt durch Arbeit, nahmen als Lohn aber nie Geld, sondern ausschließlich Nahrungsmittel. Wenn es notwendig war, nahmen sie Almosen.

Eine Legende erzählt:

Wenn sie, um Almosen bettelnd, durch die Stadt gingen, gab ihnen kaum jemand etwas, sondern man machte ihnen Vorwürfe mit den Worten, sie hätten ihr Eigentum verlassen, verzehrten fremdes und litten mit Recht große Not. Sogar ihre Eltern und Verwandten verfolgten sie; von anderen Leuten aus der Stadt wurden sie als unvernünftig und töricht verlacht. Der Bischof der Stadt Assisi sprach zu Franziskus: „Hart scheint mir eure Lebensweise und rau, nichts in der Welt zu besitzen." Ihm entgegnete der Heilige: „Herr, wenn wir irgendwelches Eigentum besitzen würden, so müssten wir unbedingt zu unserem Schutz auch Waffen haben. Daraus entstehen aber Streitigkeiten und Zank und dadurch wird die Liebe Gottes und des Nächsten gewöhnlich stark gehemmt." Dem Bischof gefiel die Antwort des Gottesmannes sehr, der alles Vergängliche und vornehmlich das Geld so verachtete, dass er in allen seinen Regeln gerade die Armut betonte und alle Brüder besorgt machte, das Geld zu meiden. Deshalb sagte er zur Verfluchung des Geldes: „Hüten wir uns, die alles verlassen haben, dass wir nicht wegen etwas so Geringem das Himmelreich verlieren. Und wenn wir irgendwo Geld finden sollten, dann wollen wir uns darum nicht mehr kümmern als um den Staub, den wir mit unseren Füßen treten."

Franziskaner in der Nachbarschaft – ein Interview mit Bruder Markus

Bruder Markus, Sie wohnen mit zwei anderen Franziskanerbrüdern in einer kleinen 3-Zimmer-Wohnung in einem Hochhaus in Frankfurt. Wie leben Sie hier?

Wir gehen tagsüber unserer Arbeit nach und versuchen in einem einfachen, brüderlichen und geistlichen Lebensstil miteinander zu leben. Innerhalb des Wohnviertels, das aus mehreren Hochhäusern besteht und in dem vornehmlich Immigranten und Menschen mit sehr geringem Einkommen wohnen, sind wir nicht als Einrichtung oder „Kloster" bekannt, sondern einfach als Nachbarn.

Welcher Arbeit gehen Sie nach? Womit verdienen Sie Ihren Lebensunterhalt?

Wir arbeiten teilweise für ein Gehalt, teilweise ehrenamtlich. Ein Bruder ist im Krankenhaus im Hol- und Bringedienst tätig. Ein anderer Bruder und ich arbeiten als Seelsorger in verschiedenen Einrichtungen, u.a. in einem Jugendgefängnis und in einem Wohnheim für Aidskranke. Nachmittags gebe ich bei uns in der Wohnung Hausaufgabenhilfe für Kinder und Jugendliche aus unserem Stadtviertel. Dadurch haben wir intensive und freundschaftliche Kontakte zu unseren Nachbarn.

Warum haben Sie sich für diesen Ort entschieden?

Wir glauben, dass dieser Wohnort sowohl von der Lebensweise innerhalb der Gemeinschaft als auch von der Art der Begegnung mit unseren Nachbarn her dem eher entspricht, was Franziskus verwirklichen wollte: solidarisches Leben mit den Menschen, die an den Rand unserer Gesellschaft gedrängt werden, einfacher Lebensstil und „Mission" nicht vornehmlich durch Worte und Predigten, sondern vielmehr durch das Leben.

Franziskus hat von den Minderbrüdern verlangt, auf Besitz und Geld zu verzichten. Was bedeutet das für Sie heute?

Sicher können wir den Lebensstil von Franziskus nicht einfach kopieren. Aber er muss auch heute für uns eine Herausforderung sein und unsere Haltung zu Besitz und Geld in Frage stellen. Auch gilt es, die Werte zu entdecken und zu leben, die Franziskus durch seine radikale Armut deutlich machte: sich ganz und gar Gott verdankt zu wissen; Verzicht auf Gewalt, um seinen Besitz zu verteidigen; Solidarität mit den Armen.
Von daher ist für mich die Frage heute: Welche Dinge benötige ich für meine Arbeit, etwa einen PC oder ein Fahrrad? Welche gönne ich mir auch, um mein Leben zu verschönern, etwa eine Musikanlage oder Bücher? Worauf möchte ich verzichten, etwa den Fernseher, ein Auto, ständig neue modische Markenkleidung? Auch finde ich, dass die Armut an sich kein Ideal ist. Vielmehr ist für mich die Freundschaft zu den Armen und die Solidarität mit ihnen von Bedeutung, wie auch die Freiheit von Besitz und Machtstreben. Das ist das Entscheidende: Freiheit und Geschwisterlichkeit.

Sieger Köder, 1995

Sonnengesang

Höchster, allmächtiger, guter Herr,
dein sind das Lob, die Herrlichkeit
und Ehre und jeglicher Segen.
Dir allein, Höchster, gebühren sie.
Und kein Mensch ist würdig,
dich zu nennen.

Gelobt seist du, mein Herr,
mit allen deinen Geschöpfen,
besonders dem Herrn Bruder Sonne,
der uns den Tag schenkt
und durch den du uns leuchtest.
Und schön ist er und strahlend
mit großem Glanz:
von dir, Höchster, ein Sinnbild.

Gelobt seist du, mein Herr,
für Schwester Mond und die Sterne.
Am Himmel hast du sie geformt,
klar und kostbar und schön.

Gelobt seist du, mein Herr,
für Bruder Wind,
für Luft und Wolken und heiteres
und jegliches Wetter,
durch das du deine Geschöpfe
am Leben erhältst.

Gelobt seist du, mein Herr,
für Schwester Wasser.
Sehr nützlich ist sie
und demütig und kostbar und keusch.

Gelobt seist du, mein Herr,
für Bruder Feuer,
durch den du die Nacht erhellst.
Und schön ist er und fröhlich
und kraftvoll und stark.

Gelobt seist du, mein Herr,
für unsere Schwester Mutter Erde,
die uns erhält und lenkt
und vielfältige Früchte hervorbringt
mit bunten Blumen und Kräutern.

Gelobt seist du, mein Herr,
für jene, die verzeihen
um deiner Liebe willen
und Krankheit ertragen und Not.
Selig, die ausharren in Frieden,
denn du, Höchster, wirst sie einst krönen.

Gelobt seist du, mein Herr,
für unsere Schwester,
den leiblichen Tod;
kein lebender Mensch
kann ihm entrinnen.
Wehe jenen,
die in tödlicher Sünde sterben.
Selig, die er finden wird
in deinem heiligsten Willen,
denn der zweite Tod
wird ihnen kein Leid antun.

Lobt und preist meinen Herrn
und dankt und dient ihm
mit großer Demut.

Das Kreuz Christi als Wegweiser

Franziskus betete vor dem Holzkreuz von San Damiano: „Höchster, glorreicher Gott, erleuchte die Finsternis meines Herzens und schenke mir rechten Glauben, gefestigte Hoffnung und vollendete Liebe. Gib mir, Herr, das rechte Empfinden und Erkennen, damit ich deinen heiligen und wahrhaften Auftrag erfülle."

Sein Lebensweg war davon bestimmt, wie Christus zu leben, ihm ähnlich zu werden. Als Wanderprediger reiste Franziskus durch Italien. 1219 versuchte er in Damiette, den ägyptischen Sultan Melek al-Kamil mit seiner Predigt zum Christentum zu bekehren. Dieser hörte Franziskus aufmerksam zu, blieb jedoch bei seiner Religion, dem Islam. Als jedoch die Kreuzfahrer auf grausame Weise die ägyptische Stadt mit Waffengewalt eroberten, kehrte Franziskus tief enttäuscht in seine Heimat zurück.

DAS KREUZ VON SAN DAMIANO, 12. JH.

Die Mission war und ist ein wichtiges Tätigkeitsfeld des Franziskanerordens, der sich im Laufe der Geschichte aus der Gemeinschaft der Minderbrüder entwickelt hat. Als im 15./16. Jahrhundert die so genannte Neue Welt von spanischen und portugiesischen Seefahrern erobert wurde, folgten viele Franziskaner nach und errichteten in den kolonisierten Gebieten Missionsprovinzen. Neben solchen, die die Ausrottung der Bevölkerung absegneten, gab es auch Franziskaner, die für die Rechte der Unterdrückten eintraten. Heute erklären sich viele Franziskaner mit den Armen Lateinamerikas solidarisch.

Manuel Reanda, Guatemala 1992

Bis heute leiden die indianischen Völker in Guatemala unter den Folgen der Eroberung durch die Spanier im 16. Jahrhundert. Ihre Kultur, Religion und Geschichte wurden nicht geachtet. Zu Beginn der 80er-Jahre des 20. Jahrhunderts kam es unter einer Militärdiktatur zu wiederholten Massakern an den Indios. Viele Menschen flohen aus ihren Dörfern, ihre Äcker wurden von Militärs und Großgrundbesitzern besetzt. Fast 70 Prozent der Anbauflächen sind heute in den Händen von nur zwei Prozent der Bevölkerung. Im Friedensvertrag von 1996 wurden die indianischen Völker zwar anerkannt, noch immer aber müssen sie um ihre Rechte kämpfen.

Cornelia Lorentz

Die Franziskaner und die Landlosen

Was die franziskanische Berufung in mir geweckt hat, war zunächst eine rein karitative Einstellung. Ich glaubte, dass der Mensch sich für den anderen einzusetzen hat, der Hilfe braucht, d.h. für die Armen. Und sah, dass die Franziskaner genau das praktizierten. Deshalb bin ich bei ihnen eingetreten. Im Orden lernte ich vor allem zwei grundlegende Aspekte franziskanischen Geistes kennen: die Liebe zu den Armen. Sie sind der lebendige Christus und daher Herausforderung an uns alle. Und die Liebe zur Natur. Ein wichtiges Stichwort ist da die „Mutter Erde" mit allem, was sie ausmacht: das Wasser, die Wälder, die Blumen, die Nahrung, alles, was die Natur uns gibt. In diesem Zusammenhang rief bei mir die Problematik um das Land eine gewisse innere Revolte hervor. Das Land, das der Heilige Franziskus „Mutter" und „Schwester" nannte, erlebte ich in meiner Umgebung als Stiefmutter, die den meisten ihrer Kinder das Brot vorenthielt.

Wir Franziskaner arbeiten mit Straßenkindern, Jugendlichen, Körperbehinderten, Kranken, Kleinbauern und vor allem sind wir engagiert für die Menschen in Landkonflikten. Die meisten Mitbrüder setzen sich für die Landreform ein. Die Landlosen vertrauen den Franziskanern, weil diese mit ihnen solidarisch und wirklich wie Brüder sind. Da wir unter dem Volk leben, begleiten wir es. Wir entziehen uns nicht, wir trennen nicht unseren Glauben, die Praxis unseres Ordenslebens, vom konkreten Leben unter den Landarbeitern. Wenn sie demonstrieren für ihre Rechte, stehen wir auf ihrer Seite – nicht auf der Seite der Mächtigen. Bei dem Marsch der Landlosen auf Brasilia, an dem sich fast hunderttausend Menschen beteiligten, waren 40 Franziskaner in ihrem Ordensgewand dabei. Da es in Brasilien nicht mehr Brauch ist, unseren Franziskanerhabit öffentlich zu tragen, fielen wir auf. Die Reaktion der Leute: „Franziskaner nehmen teil, also ist die Kirche auf der Seite der Landlosen!" Wir wollten bezeugen, dass der Kampf für eine Landreform gerecht und Jesus Christus dabei präsent ist.

Sérgio Antonio Görgen

Lernen fürs Leben

Legenden verstehen

Wenn wir heute Legenden, z.B. über den heiligen Franziskus, lesen, dann kommt uns vieles merkwürdig vor. Das liegt nicht nur daran, dass sie vor langer Zeit, nämlich im Mittelalter, entstanden sind. Es liegt vor allem daran, dass sie auf eine ganz andere Art und Weise über eine Person „informieren", als wir das heute normalerweise tun. Um Legenden zu verstehen, müssen wir wissen, wie sie „funktionieren".

- *Der Begriff*
  legere ist lateinisch und bedeutet „lesen". Der Ausdruck *legenda* (das zu Lesende) bezeichnete zunächst die Lesung aus Lebensbeschreibungen von Heiligen, z.B. in einem Kloster. Später wurden diese Geschichten selbst und die Bücher, in denen sie gesammelt wurden, *legenda* genannt. Daraus entstand das Wort Legende.

- *Kein Bericht*
  Die Legende verwendet Symbole und symbolische Handlungen, die das Typische oder Besondere einer Person anschaulich machen sollen (z.B. Franziskus küsst den Aussätzigen). Zu den symbolischen Sprachformen gehören auch Märchen und Sagen.

- *Vorbilder*
  Legenden erzählen von beispielhaftem Verhalten. Der Heilige soll den Zuhörern oder Lesern als Vorbild dienen (z.B.: Der heilige Martin teilt seinen Mantel mit einem Bettler).

- *Nachfolgegeschichten*
  Die Legende setzt bei ihren Hörern oder Lesern voraus, dass sie an Gott glauben und ein gerechtes Leben führen wollen. Dazu will sie ihnen helfen.

- *Wunder*
  Viele Legenden erzählen etwas „Wunderbares", etwas, das mit dem normalen Verständnis der Wirklichkeit nicht vereinbar ist (z.B.: Franziskus zähmt einen gefährlichen Wolf, indem er mit ihm spricht). Diese Wundergeschichten verdeutlichen bildhaft, dass hier jemand handelt, der von Gott besonders gesegnet ist.

Aufgaben – Impulse – Projektideen

■ 169 FRESKO: ▶Welche Besonderheiten fallen dir auf? ▶▶Tragt eure Ergebnisse an der Tafel zusammen und überlegt, was die Darstellung über die Lebensweise und die Bedeutung der Person aussagt.

■ 170 KURZBIOGRAFIE: ▶▶Steht auf und lest dieses Gedicht laut vor. Jede/r eine Zeile. ▶▶Über welche Zeilen seid ihr gestolpert? Warum? ▶Notiere Schlüsselbegriffe. Gliedere das Gedicht. ▶Charakterisiere den beschriebenen Menschen. Warum lächeln manche Leute über ihn?

■ 171 BILD: ▶Die Abbildung zeigt die für das Mittelalter typische Situation der Armen und Kranken. Beschreibe sie mit deinen Worten.

■ 171 TEXT: ▶▶Schreibt wichtige Stichwörter aus dem Text an die Tafel: Welche Entwicklungen im 12. und 13. Jahrhundert führten zu großer Armut der Bevölkerung? Welche Gründe hatte die freiwillige Armut? Wie stellte sich die Kirche zur Armutsbewegung? ▶Erstelle eine Liste: Auf welche Dinge könntest du leicht verzichten, bei welchen würde es dir schwer fallen?

■ 172/173 TUCHHÄNDLER: ▶▶Als Sohn eines reichen Tuchhändlers trug Franziskus im späteren Abschnitt seines Lebens die abgebildete Kutte. Zu zweit: Schreibt einen Dialog zwischen Franziskus und einem Kaufmannssohn über angemessene Kleidung. ▶Notiere wichtige Textstellen zu folgenden Fragen: Ist Vater Bernardone ein guter Geschäftsmann? Was erfährt der Leser über das Verhältnis zwischen Vater und Sohn? Welchen Eindruck hat die Ich-Erzählerin von Franziskus? ▶Male oder zeichne eine Illustration zu diesem Ausschnitt des Jugendbuches.

■ 174 JUNGUNTERNEHMER: ▶Schreibe einen tabellarischen Lebenslauf des Franziskus bis zum Jahr 1207 (zwei Spalten: Jahreszahl, Lebensdaten). Errechne auch jeweils sein Alter.

■ 175 LEGENDEN: ▶▶Notiert an der Tafel: Was ist für euch süß, was bitter? ▶Lies die beiden Legenden und erkläre, was für Franziskus die Worte „süß" und „bitter" bedeuten. ▶Das Wort „Buße" bedeutet „Umkehr". Erläutere anhand der drei Texte, was für eine Umkehr Franziskus vollzogen hat.

■ 176 Karikatur: ▶Formuliere genau: Auf welche „Wunde" legt der Zeichner seinen Finger? Gib Beispiele für das karikierte Verhalten oder Denken.

■ 176 Legende: ▶▶Entwirf den Tagesablauf eines Minderbruders. ▶In dieser Legende geht es um die Einstellung zu Geld und Besitz. Formuliere den darin enthaltenen Vorwurf gegen die Minderbrüder. Erläutere Franziskus' Einstellung zum Besitz. ▶▶Diskutiert, ob und wie es möglich sein kann, ganz ohne Besitz zu leben.

■ 177 Franziskaner in der Nachbarschaft: ▶Schreibe einen Text über das Leben von Bruder Markus für die Schülerzeitung. (Im Internet unter www.Franziskaner.de findest du weitere Informationen.)

■ 178 Kirchenfenster: ▶Male einen Ausschnitt des Kirchenfensters auf einem großen Blatt nach. Erkläre deine Wahl. ▶▶Sammelt Ideen: Wer ist auf dem Fenster zu sehen? Was bedeuten die Farben?

■ 178 Sonnengesang: ▶Ordne die Strophen des Gedichtes den Ausschnitten des Kirchenfensters zu. ▶Erläutere, wie im Text von Gott die Rede ist. ▶Schreibe eine weitere Strophe des Gotteslobs. Verziere deinen Text mit Farben. ▶▶Setzt eure Verse auf einem großen Plakat zu eurem eigenen Sonnengesang zusammen.

■ 180/181 Kreuze: ▶▶Bildet zwei Gruppen. Jede Gruppe stellt eine Kreuzesdarstellung vor. Benennt das jeweils Typische oder Besondere des Bildes. ▶▶Diskutiert als „Kirchenvorstand": Darf der moderne, guatemaltekische Christus in eure Kirche?

■ 180 Text: ▶Schreibe das Gebet des Franziskus ab. Lasse links und rechts Platz. Notiere links deine offenen Fragen zu dem Text und rechts deine eigenen Einfälle. ▶▶Recherchiert, z.B. im Internet: Sucht und prüft Selbstdarstellungen der kirchlichen Missionswerke: Was tun sie (nicht), was wollen sie (nicht)?

■ 182 Die Franziskaner und die Landlosen: ▶▶Spielt ein Interview mit Sérgio Antonio Görgen nach. Denkt euch Fragen und Antworten zu den folgenden Themen aus: Motivation, Lebensweise, Ziele der Arbeit, Verhältnis zu den Armen, Verhältnis zur Natur.

Entdeckt, verstanden, gestaltet

Franziskus – in Solidarität mit den Armen

Ich weiß,	■ welche wirtschaftlichen Entwicklungen im 12. und 13. Jahrhundert zu großer Armut geführt haben;
	■ welche Gründe Menschen damals hatten, freiwillig arm zu sein;
	■ welche Haltung die Kirche gegenüber den Bettelorden eingenommen hat.
Ich kann	■ beschreiben, wie es dazu kam, dass Franziskus vom reichen Kaufmannsohn zum Minderbruder wurde;
	■ wichtige Ereignisse aus seinem Leben mit Jahreszahl benennen;
Ich kenne	■ einige Legenden, die von seiner Umkehr erzählen.
Ich kann	■ die Lebensweise des Franziskus und der Minderbrüder beschreiben.
Ich kann	■ die Einstellung der Minderbrüder zu Geld und Besitz wiedergeben und Argumente für und gegen diese Einstellung benennen.
Ich weiß,	■ dass die Franziskaner heute das Armutsideal neu bedenken und Solidarität mit den Armen üben.
Ich kenne	■ den Sonnengesang des Franziskus
und ich kann	■ seine Aussagen über Gott und die Schöpfung wiedergeben.
Ich weiß,	■ dass Franziskus sein Leben als Nachfolge Jesu Christi aufgefasst hat;
	■ dass der Franziskanerorden im 15./16. Jahrhundert in vielen Ländern der „Neuen Welt" Mission betrieben hat, was auch zu vielen Gewalttaten führte.
Ich kenne	■ ein Beispiel dafür, dass sich die Franziskaner heute in Brasilien für die Rechte der Armen einsetzen.

Naturreligionen

Marion Tuu'luuq, „Sednas Freigebigkeit", 1988

Überleben im hohen Norden: Die Inuit

Josie P. Papialak, 1982

Im Iglu

„Iglu" bedeutet „Haus der Menschen". Als ich klein war, lebten wir im Winter, in den langen Polarnächten, in diesem Haus aus Eis. Oft schnitzte der Vater eine Figur aus Speckstein. Die Mutter nähte Seehundsfelle für ein Zelt zusammen. Wenn es wärmer wurde, stürzte der Iglu ein und dann wohnten wir in einem Zelt.
Die dreibeinige Öllampe gab Licht und heizte zugleich den Iglu. In der Nacht ließ man sie ausgehen und dann wurde die Luft kalt. So mussten denn alle eng zusammen schlafen, um es warm zu haben. Die Kinder schliefen in der Mitte zwischen den Eltern.
Heutzutage leben die Inuit nur noch ausnahmsweise in einem Iglu. Meines Großvaters Zelt bestand aus einem Holzgestell, das mit Segeltuch und Seehundsfellen überzogen war. *Normee Ekoomiak*

Auf der Jagd

Ohne Tiere war für die Inuit bis in unser Jahrhundert hinein kein Leben in der Arktis möglich. Mit den Jahreszeiten wanderten Land- und Wassertiere auf der Suche nach Nahrung umher. Die Inuit folgten ihnen den kurzen Polarsommer hindurch. Während der langen, eisigen Polarnacht überwinterten sie in dick mit Grassoden bedeckten Steinhäusern. Nur manchmal, wenn es windstill war, konnte eine Gruppe es wagen, auf die Jagd zu gehen.
Die Robben nannten die Inuit „Lebensspender". Ohne Fell, Fett und Fleisch dieser Tiere wäre das Leben in der Eiswüste unmöglich gewesen. Im Winter musste der Jäger stundenlang bewegungslos bei Temperaturen bis −30° C an den Atemlöchern der Robbe warten. Mehrere Jäger waren nötig, um die Atemlöcher zu überwachen. Im Sommer, wenn die Robben sich zum Sonnen aufs Eis legten, kam es darauf an, sich wie eine Robbe langsam gegen den Wind heranzuschleichen und grunzende Geräusche von sich zu geben. Wenn die Harpune das Tier nicht sofort tötete, war die Robbe im Meer verschwunden.
Außer Robben jagten die Inuit Karibus, die mit den Jahreszeiten umherzogen, Vögel, Wale und – selten – Eisbären. Die erlegten Tiere wurden in den Jagdgruppen nach festen Regeln verteilt, sodass sowohl der glückliche Jäger als auch diejenigen, die durch Pech, Krankheit oder Alter seltener Beute machten, mit beladenem Hundeschlitten zu ihren Häusern, Zelten oder Iglus zurückkehren konnten. Die Frauen verarbeiteten die Tiere dann weiter.

Die Religion der Inuit

Sila

„Ja, ich glaube an eine Kraft, die wir Sila nennen und die in einfachen Worten nicht zu erklären ist. Ein starker Geist, der Erhalter des Universums, des Wetters, ja des ganzen Erdenlebens – so gewaltig – dass seine Rede zu Menschen nicht durch gewöhnliche Worte hörbar wird, sondern durch Stürme, Schneefall, Regenschauer, Meeresaufruhr, durch all die Kräfte, vor denen der Mensch Furcht hat. Aber er hat auch noch eine andere Art, sich zu offenbaren, nämlich durch Sonnenschein, Meeresstille oder kleine, unschuldig spielende Kinder, die nichts verstehen. Die Kinder hören eine feine und schüchterne Stimme, fast wie eine Frauenstimme. Sie spricht zu ihnen im Ton des Geheimnisses, aber so freundlich, dass sie nicht bange werden, sie hören nur, dass Gefahr droht. Die Kinder erzählen es ebenso schlicht, wenn sie nach Hause kommen, und dann ist es Sache der Geisterbeschwörer, Vorkehrungen zu treffen, die einem drohenden Unglück vorbauen können. In guten Zeiten hat Sila den Menschen nichts zu melden, er ist verschwunden in seinem unendlichen Nichts und bleibt verschwunden, solange die Menschen das Leben nicht missbrauchen, sondern Ehrfurcht vor ihrer täglichen Nahrung hegen. Niemand hat Sila gesehen. Sein Wohnort ist so geheimnisvoll, dass er zur gleichen Zeit bei uns und unendlich weit fort ist."

Ein Schamane der Inuit

Der Mythos von Sedna

Vor langer Zeit lebte ein Mädchen mit Namen Sedna. Ihre Eltern behandelten sie schlecht und so zog sie mit dem Eissturmvogel fort, als dieser sie zur Frau begehrte. Der Vater verfolgte sie. Es gelang ihm, die Tochter aus dem Palast des Eissturmvogels am Ende des Meeres zu entführen, als dieser wieder einmal unterwegs war. Als er zurückkehrte und den Verlust entdeckte, verfolgte er das Kajak des Vaters und brachte es durch den mächtigen Wind seiner Schwingen fast zum Kentern. In seiner Angst warf der Vater seine Tochter über Bord. Als sie sich am Boot festklammerte, hackte er ihr die ersten Fingerglieder ab, die zu Seehunden wurden. Dann hackte er ihr die zweiten Fingerglieder ab, die zu Seelöwen wurden. Die letzten Fingerglieder schließlich wurden zu Walrossen. Das Mädchen sank auf den Grund des Meeres und wurde dort zur Mutter aller Meerestiere. Von ihr kommen alle Robben, Walrosse, Fische und Wale, zu ihr kehren ihre Seelen zurück, um wieder neu mit Fleisch bekleidet zu werden. Sedna hört, was die Tiere ihr erzählen. Wenn ein Jäger schlecht über einen erlegten Seehund redet oder ihn liegen lässt, wenn er der Seele keinen Schluck Wasser anbietet oder irgendetwas anderes tut, was die Seele beleidigt, gerät auch Sedna in Wut. Sie rauft sich die Haare, sodass sich die Seelen der Seehunde in ihnen verfangen.

Leben in den Savannen und Wäldern Afrikas

Ein Dorf der Samburu (Kenia)

Mais

Sonne und Regen
kühner Regen
und helle Sonne
führen die Keime
an ihren Händen
von der Empfängnis
zur Kindheit

Regen und Sonne
milderer Regen
und kühnere Sonne
hegen die Kornkinder
zärtliches Alter
bis in die Graszeit
ihrer Jugend

Dichter Regen
heftige Sonne
rühren ihr Maisherz
zu Blüten
und zeigen ihnen
geheime Wege
Flaum zu treiben

Dann wissen sie
mit einem Mal
wie mannigfaltig
jedes Maiskorn
wachsen kann
und bergen
in einem Anfall von Scham
ihr Geheimnis in
grünen Scheiden
die bauchen und
schwellen
umsorgt von
Regen und Sonne
Sonne und Regen.

Mildester Regen
und kühnste Sonne
falten sie
und wohnen mit
ihnen
bis das Gold
mürber Reife
über sie kommt –
und die Maisernte
da ist,
Juni und Regen
und Sonne

*Efua Theodora
Sutherland*

Erzählen von Göttern und Geistern

Zaire: Überlieferungen der Pygmäen

Kmvum hat die Bäume des Waldes geschaffen, die Früchte, die Tiere und die Fische. Über alles ist er der Herr. Er hat alles, alles, alles gemacht. Und wie er aufgehört hat, alles zu machen, sagte er zu unseren Vätern, den Ersten: „Nehmet, das gehört euch, ich gebe es euch, es ist für euch."

Wenn in der Nacht der Fuß
über ein Hindernis stolpert, das sich zusammenzieht,
aufrichtet und beißt,
dann füge, o Schlange, du, unser Vater,
der Vater des Stammes,
– und wir sind deine Söhne –,
füge, dass es ein Zweig,
ein kleiner Zweig sei,
der sich aufrichtet und schlägt,
und nicht einer deiner Söhne
mit spitzem Maul,
o Vater des Stammes –
denn wir sind deine Söhne.

Zimbabwe: Felsmalerei

FELSMALEREI AUS ZIMBABWE

Madagaskar: An die Erde

Joseph Yao Amanfu, 1985

Hab Erbarmen mit mir,
o Erde!
Du bist es, die mir Speise gibt,
du, die mir Wasser gibt
zum Trinken,
du, die mir gibt, womit ich mich
kleiden kann.
Sei barmherzig gegen mich,
o Erde!
Du nimmst von mir weg
meine Gattin, ohne die ich mir
nicht behelfen kann;
du nimmst mir weg meine
Kinder, die meine Freude sind;
du nimmst mir weg meine
Freunde, die mir teuer sind,
auch meine Eltern nimmst
du weg

Ghana: Die Namen des höchsten Gottes

Onyame	„Das höchste Wesen, Gott, der Schöpfer aller Dinge"
Nana Onyankopon	„Großvater"
Tweduampon	„Der Verlässliche"
Amovia	„Der Spender der Sonne, des Lichtes"
Totrobonsu	„Der Eine, der Regen in Fülle fallen lässt"
Amoamee	„Der Genüge gibt"
Brekyinhunuade	„Der alles sieht, selbst von der Rückseite"
Abommubuwafre	„Der Trostspender, der Erlösung bringt"
Nyaamanekose	„Der, dem du Leid anvertrauen kannst"
Tetekwaframoa	„Der jetzt ist und von Anbeginn war"
Nana	„Der große Ahne"
Borebore	„Aushebender; hauender Schöpfer, Urheber, Bildhauer"

Die Toten sind nicht tot

Der Hauch der Ahnen

Erlausche nur geschwind
die Wesen in den Dingen,
Hör sie im Feuer singen,
Hör sie im Wasser mahnen
Und lausche in den Wind:
Der Seufzer im Gebüsch,
Das ist der Hauch der Ahnen.

Die gestorben sind, sind niemals fort,
Sie sind im Schatten, der sich erhellt,
Und im Schatten, der tiefer ins Dunkle fällt.
Sie sind in dem Baum, der dröhnt,
und sie sind in dem Baum, der stöhnt,
Sie sind in dem Wasser, das sich ergießt
Wie im Wasser, das schlafend die Augen schließt,
Sie sind in der Hütte, sie sind im Boot:
Die Toten sind nicht tot.

Birago Diop

Der Blitz traf den Baum der Vorfahren

Eines Abends brach ein Gewitter in meinem Dorf aus. Der Blitzstrahl fiel auf den großen Baum, der in der Mitte des Dorfes stand. Der Baum stürzte zu Boden. Der Name des Baumes war Ekuk, das heißt auf Bulu: der Aufenthalt der Vorfahren. Lange wurde er von den Alten des Dorfes verehrt. Zwei Meinungen haben sich nach dem Unglück um den Baum gebildet: Auf der einen Seite war der Großvater und auf der anderen waren meine Brüder und ich.

Am Abend rief mein Großvater alle seine Enkel, um uns Fragen zu stellen. Er führte uns in ein außerordentliches Zimmer. Ein leuchtendes Feuer war in der Mitte des Zimmers angezündet. Links fand man den Schädel des gestorbenen Vorfahren. Rechts standen mehrere Kunstgegenstände. Gerade in der Mitte lagen Tierhäute und drei Schlangenköpfe. Er hieß uns setzen und sagte: „Ich habe euch gerufen, damit ihr mir, nach eurer Ansicht, die Ursache dieses Unglücks erklärt. Ich versichere euch, dass es uns ans Leben geht."

Ich stand auf und sagte: „Ekuk ist gefallen, weil er von dem Blitzstrahl getroffen wurde." „Und dieser Blitzstrahl", erwiderte der Großvater, „woher ist er gekommen?" Ich: „Der Blitzstrahl ist eine elektrische Entladung in der Luft, die von einer Explosion – Donner – und Licht – Blitz – begleitet ist. Er fällt auf Häuser, Bäume, Tiere und selbst ins Wasser."

Der Großvater unterbrach mich und fragte: „Warum ist er nicht auf einen anderen Baum gefallen? Warum hat er nur den Aufenthalt unserer Vorfahren gewählt? O nein, ihr seid noch zu klein, um zu verstehen, dass unser Leben in den Händen der Vorfahren ruht. Sie haben uns viele Gesetze gegeben, und wenn man sie übertritt, reagieren die Vorfahren mit Gewalt. Das heutige Ereignis lehrt uns, dass wir nur zu den vorelterlichen Göttern beten sollen."

Ich: „Wo sind die Vorfahren, von welchen du so sehr sprichst? Ich weiß, dass sie gestorben sind." Er antwortete mit seinem gewohnten Satz: „Die Vorfahren sind nicht gestorben, sie leben mitten unter uns und bewachen uns." Ich: „Im Unterricht lernen wir, dass versilberte Götzen schädlich seien." Großvater: „Ich habe euch nicht in die Schule gesandt, damit ihr die Religion und die Gewohnheiten unserer Vorfahren verlasst. Ihr tretet alle Einsetzungen mit Füßen. Ihr müsst die Kraft der Voreltern nie vergessen. Ich weiß, dass ihr von den abendländischen Lehren angefallen seid. Gebt Acht!" *Aus Kamerun*

Fetische

ZAIRE, UM 1870

Tampwo begleitet seinen Vater zum Nganga

„Hier, Nganga, bringen mein Sohn und ich dir Geschenke: Fleisch vom Wildschwein und ein weißes Huhn, eine Kalebasse Palmwein und Kolanüsse. Wir wollen damit zeigen, dass wir dich anerkennen", begrüßt der Vater den Nganga. „Welche Not bedrückt dich, Mutima, dass du deine Begrüßung so feierlich machst?", will der Nganga wissen. „Nganga, schon wieder gibt es jemanden, der nach meiner Lebenskraft trachtet und sie aufisst. Früher hat ein Muloki meinen Sohn Kibu gegessen und jetzt schickt ein Muloki die Wildschweine in meine Pflanzung. Warum geschieht das nur bei uns, warum bleiben die Nachbarpflanzungen verschont?" Der Nganga überlegt eine Weile. Dann will er wissen, wie groß die Pflanzungen von Vater Mutima und Mutter Mampwo sind. Der Vater zählt auf: „Ich habe 500 Stöcke Kaffee, viele Bananen und Tabak, ich schneide zahlreiche Ölpalmen und verkaufe die Nüsse. Meine Frau versorgt den Manyok, die Erdnussfelder und das Gemüse. Und wir haben auch Ziegen und Schafe, etwa 50 Stück."
„Mutima, in den Augen vieler Leute im Dorf bist du zu reich", sagt der Nganga ernst. „Es gibt immer böse Menschen, die mit Neid auf den Erfolg der anderen schauen. Du weißt, es gibt Hexer, die die Lebenskraft ihrer Mitmenschen vernichten wollen. Wenn du vor ihnen sicher sein willst, dann zieh weg vom Dorf und baue dir ein Haus in der Pflanzung."
Bei diesem Vorschlag des Ngangas erschrecken Tampwo und sein Vater; sie möchten nicht vom Dorf wegziehen, wo alle Freunde und Verwandte sind. Vater Mutima fragt, ob es nicht noch eine andere Möglichkeit gibt. Der Nganga beschließt, seinen Schutzgeist zu befragen. Er legt andere Kleider an und setzt einen Kopfschmuck auf. Mit der Hand schlägt er die Trommel und beginnt zu singen und zu tanzen. Immer schneller werden seine Bewegungen. Schließlich fällt er zu Boden und bleibt eine Weile liegen. Dann sagt er: „Mutima, dein Mutteronkel ist schon vor zwei Jahren gestorben, aber du hast für ihn noch immer keine große Totenfeier gemacht. Er ist böse auf dich, weil du deinen Reichtum hortest und den Onkel im Jenseits vergisst. Bereite ein großes Fest, schlachte Ziegen und Schafe und biete Palmwein und Kolanüsse an. Alles zu Ehren deines Onkels!"
Vater Mutima ist erstaunt: „Aber ich habe seinen besonderen Fetisch doch zu mir geholt. Ich ehre ihn häufig, wenn ich Hühner- und Ziegenblut über ihn gieße. Ich opfere auch Palmwein und Kolanüsse." Der Nganga erklärt ihm, dass das nicht ausreicht. „Dein Onkel will ein Fest für sich und deine Dorfgenossen wollen an deinem Reichtum teilhaben. Ich werde dir außerdem in den nächsten Tagen einen mächtigen Fetisch Mpwo machen. Den stelle in deiner Manyokpflanzung auf. Dann wird es niemand mehr wagen, der Lebenskraft von dir oder deiner Familie zu schaden."

Josef F. Thiel

Christen und Naturreligionen

Pigafetta, 1598: Verbrennung der Fetische in Anwesenheit des Kongo-Königs

Okonkwo – oder: Das Alte stürzt

Jeder Stamm und mit ihm auch jedes Dorf hatte seinen „Wald der Dämonen". In ihm waren all diejenigen begraben, die an unheilvollen Krankheiten wie Lepra oder Pocken starben. Auch die mächtigen Fetische großer Medizinmänner wurden nach deren Tod in diesen Wald geworfen. Ein solcher Wald war erfüllt von unheimlichen Kräften und Mächten der Finsternis. Und diesen Wald überließen die Ältesten von Mbanta den Missionaren. Sie wollten nicht, dass sie in ihr Dorf kämen, und so machten sie ihnen dieses Angebot, in dem Glauben, dass kein vernünftiger Mensch es annehmen würde.

Am nächsten Morgen begannen die verrückten Missionare tatsächlich, einen Teil des Waldes abzuholzen und ihre Kirche darauf zu bauen. Die Einwohner von Mbanta waren überzeugt, dass innerhalb der nächsten vier Tage keiner der weißen Männer mehr am Leben sein werde. Der erste Tag verstrich, der zweite, der dritte und der vierte, und keiner von ihnen starb. Jedermann war verwirrt und überrascht. Dann sprach es sich herum, dass der Fetisch des weißen Mannes unglaubliche Zauberkräfte besäße. Es hieß, dieser Mann trage Gläser auf den Augen, sodass er die bösen Geister sehen und mit ihnen sprechen könne. Bald darauf bekehrte er die ersten drei Dorfbewohner.

Chinua Achebe

Lernen fürs Leben

Fächerübergreifend arbeiten

Wer sich mit der Religion der Inuit oder der Pygmäen beschäftigt, merkt schnell, dass er ohne Kenntnisse aus Fächern wie Erdkunde, Geschichte, Politik oder Deutsch nicht weit kommt. Auch viele andere Themen sprengen die Grenzen eines einzelnen Faches. Hier öffnet die Zusammenarbeit mit anderen neue Perspektiven. Fächerübergreifendes Arbeiten kann ganz klein anfangen, aber auch zu großen Projekten wachsen.

- Zuerst sehe ich in meine eigene Schultasche. Gibt es im Atlas eine gute Karte vom Polargebiet? Steht im Biologiebuch etwas über Pflanzen des Regenwaldes? Alle Texte und Bilder hier sind speziell für Schülerinnen und Schüler wie mich geschrieben und enthalten meist keine Fehler. Wie interpretiere ich ein afrikanisches Gedicht? Wie gehe ich mit einer Tabelle der Jahresdurchschnittstemperaturen um? Auch wichtige Methoden für die einzelnen Fachgebiete werden hier erklärt.

- Ich kann Fachlehrer und Mitschüler als Experten heranziehen (Interview, Einladung zu einem Referat, Austausch von Expertengruppen nach der Gruppenpuzzle-Methode).

- Wir bereiten Referate, Plakate oder Präsentationen mit Zugängen aus verschiedenen Fächern vor. Im Internet forschen wir kreuz und quer und tauschen uns anschließend aus. Kleine Vorträge, Fragen und Antworten, gezielte Nachfrage bei Experten, selbst formulierte Texte helfen beim Lernen.

- Im Internet finde ich zu vielen Themen ausgearbeitete fächerübergreifende Unterrichtsmaterialien (URL: http://www3.rpi-virtuell.de und http://religion.zum.de) Suchbegriff: fächerübergreifend

- Im Alltag der normalen Schulwoche ist es oft schwer, fächerübergreifenden Unterricht zu koordinieren. Eher gelingt fächerübergreifendes Arbeiten bei Projekten: Wie wäre es mit einer Projektwoche Afrika, einer Lesenacht „Julie von den Wölfen" mit passenden Zusatztexten oder einem Theaterprojekt? Auch Landheimaufenthalte und Exkursionen bieten Gelegenheit zu fächerübergreifendem Arbeiten.

Aufgaben – Impulse – Projektideen

▪ 187 BILD: ▶Beschreibe die einzelnen Elemente des Bildes (Anordnung, Stimmung, Farbe usw.). ▶In der Mitte ist „Sedna" – Beziehe den Titel des Bildes auf das, was du siehst, und erzähle, wer Sedna sein und was sie tun könnte …

▪ 188 BILD: ▶Zeichne eine dem Bild ähnliche Inuit-Figur in dein Heft. Schreibe auf die Wellenlinien, die von Kopf und Körper ausgehen, was die Figur gerade denkt und fühlt. Welche Sinneseindrücke hat sie?

▪ 189 IM IGLU/AUF DER JAGD: ▶Erstelle mit fünf zentralen Begriffen aus den Texten ein Kreuzworträtsel. Tauscht eure Rätsel untereinander aus und löst sie. ▶Schreibe einen Traum auf, den ein Bewohner eines Iglus im Winter haben könnte. Lest euch die Träume laut vor und deutet sie. ▶▶Schreibt/spielt: Eine Familie erzieht ihre Söhne zu guten Robbenjägern. ▶Übersetze die vierte Bitte des Vaterunsers so, dass ein Inuit sie versteht.

▪ 190 SILA: ▶▶Entwerft einen Steckbrief für Sila: Wie könnte er aussehen? Welche Fähigkeiten hat er? Wie zeigt er sich? ▶Formuliere Botschaften, die Sila direkt oder über Hilfsgeister an die Menschen schickt. ▶▶Sammelt Argumente: Sind Gott und Natur für die Inuit dasselbe?

▪ 190 SEDNA: ▶Lies den Text und zeichne eine Bildergeschichte dazu. ▶▶Nehmt das Bild von Sedna (S. 187) hinzu: Erstellt eine Mindmap mit Sedna und ihren Wirkungen. ▶▶Bildet Viererpruppen und entwerft einen Text, den Sedna den um sie versammelten Figuren und Tieren zuraunen könnte.

▪ 191 FOTO: ▶Schreibe eine Fantasiereise zu dem Bild. ▶▶Recherchiert im Internet und erarbeitet kurze Vorträge über verschiedene Landschaften in Afrika.

▪ 191 MAIS: ▶▶Lest das Gedicht zu mehreren Gruppen im Chor: fünf Strophen – fünf Gruppen. ▶Beschreibe, welchen Anteil Menschen und Natur an einer guten Ernte haben. ▶Schreibe ein Gebet, das zu dem Gedicht passt.

■ 192/193 Erzählen: ▶▶Teilt die Länder unter euch auf. a) Besprecht für euer Land je als Gruppe: Stimmung, Gehalt, Lebenseinstellung eures Materials. b) Schreibt eine Einführung. c) Entwickelt eine Rahmengeschichte. d) Bereitet eine passende Präsentation vor.

■ 194 Der Hauch: ▶Erfinde eine kleine Rede, die ein/e Verstorbene/r an seine Hinterbliebenen halten könnte. Trage sie vor.

■ 195 Der Blitz: ▶▶Spielt die Szene zwischen dem Großvater und seinen Enkeln mit eigenen Worten nach. Besprecht danach, woran der Großvater glaubt und woran seine Enkelkinder glauben. Wie könnte dieser Unterschied begründet sein?

■ 196 Fetische: ▶Schreibe einen Text zu der Figur: beschreibend oder erzählend, dichterisch oder im Dialog mit ihr. ▶▶Diskutiert: Welche Fetische gibt es heute in eurer Umwelt oder für euch?

■ 197 Tampwo begleitet seinen Vater zum Nganga: ▶▶Sechs Schüler/innen erzählen das Wesentliche der Geschichte in eigenen Worten nach: Vier gehen vor die Tür, die erste erzählt sie dem zweiten. Der dritte kommt herein, der zweite erzählt sie dem dritten ... bis zum Ende. Was ist hängen geblieben?

■ 198 Christen und Naturreligionen: ▶Entwirf den Brief eines Missionars über seine ersten Eindrücke von Mbanta und seinen Bewohnern. ▶▶Informiert euch über die Aktivitäten der Missionare und die Kolonialherrschaft in Afrika. Führt ein Streitgespräch zwischen Missionaren, Kolonialherren und Einwohnern eines afrikanischen Landes.

Entdeckt, verstanden, gestaltet

Naturreligionen – Geister und Geist

Ich kann	▪ meine Meinung zu unterschiedlichen Erscheinungsformen von Naturreligionen (Schamanen, Ahnenverehrung, Fetische, Voodoo...) sagen und begründen;
	▪ lebensförderliche und -feindliche Vorstellungen und Riten in den Naturreligionen unterscheiden.
Ich weiß,	▪ wie Inuit und Pygmäen leben.
Ich kenne	▪ wichtige Götter der Inuit und verschiedener afrikanischer Völker
und kann	▪ Gebete aus verschiedenen Naturreligionen verstehen und vielleicht selbst einige formulieren.
Ich kann	▪ erklären, welche Bedeutung die Seelenreise des Schamanen oder ein Fetisch für das Leben der Menschen hat.
Ich kenne	▪ den Zusammenhang zwischen Umwelt und Religion
und kann	▪ Gemeinsamkeiten von Naturreligionen aus verschiedenen Erdteilen erkennen.
Ich weiß,	▪ dass einige Glaubensvorstellungen der Naturreligionen in Christentum oder Islam weiterleben.
Ich kann	▪ in Filmen, Werbung, Videoclips oder Büchern erkennen, ob Inuit oder Afrikaner und ihre Religion richtig oder klischeehaft dargestellt werden.
Ich weiß,	▪ dass Christen Naturreligionen in der Vergangenheit oft missachtet haben, und kann Beispiele dafür nennen.
Ich kann	▪ ein Rollenspiel zu respektvollem Verhalten bei einer Fotosafari in ein afrikanisches Dorf gestalten.

Begegnungen

Piroska Jávor, 1990

Begegnungen

Selbstbildnis im Supermarkt

In einer
großen
Fensterscheibe des Supermarkts
komme ich mir selbst
entgegen, wie ich bin.

> Der Schlag, der trifft, ist
> nicht der erwartete Schlag,
> aber der Schlag trifft mich
> trotzdem.

Und ich geh weiter,
bis ich vor einer kahlen
Wand steh und nicht mehr weiter
weiß.
Dort holt mich später dann
sicher jemand
ab.

Rolf Dieter Brinkmann, 1968

Einsam und allein

Einsam ist ja noch zu leben
Hier ein Ich und dort die andern
Kann durch die Alleen wandern
Und auf Aussichtstürmen schweben

> Einsam ist noch nicht allein
> Hat noch Augen, Ohren, Hände
> Und das Spiel der Gegenstände:
> Und die Trauer, da zu sein

Doch allein ist alles ein
Ist nicht da, nicht dort, nicht eben
Kann nicht nehmen oder geben
Leergelebt und allgemein

Dieter Leisegang, 1972

Wegbegleiter

Der Weg

Ich hatte einen Großvater, der konnte zaubern. Damals habe ich das noch nicht gewusst. Damals habe ich nur gewusst, dass ich gern bei ihm war. Er erzählte mir Geschichten. Wahre Geschichten: Wie das Wasser aus dem Meer aufsteigt in die Wolken. Wie ein Baumstamm Ringe bekommt. Wie ein Küken im Ei wächst. Er sagte Gedichte auf in einer fremden Sprache, die ich nicht verstand. Aber es klang so schön, dass ich mit den Zehen wackeln musste. Er spielte Klavier und ich durfte ganz vorsichtig die Hände auf die Saiten legen. Er reparierte meine Puppen und alles andere, was ich zerbrochen hatte. Er reparierte auch Uhren, am liebsten alte Uhren. Die einzelnen Teile kamen in ein Kistchen, das mit Sägespänen und Petroleum angefüllt war. Da ging der Rost ab. Aber es stank auch sehr. Außerdem roch es nach Tabak bei meinem Großvater.
Ich fand das alles wunderschön. Ich steckte meine Nase in seine alte Jacke. Dann hatte ich vor nichts mehr Angst. Vor gar nichts. Normalerweise hatte ich sehr viel Angst.
Meine Großmutter schimpfte mit meinem Großvater. Sie schimpfte, weil das Petroleum mit seinem Gestank die Wohnung verpestete. Sie schimpfte, wenn unser Spielzeug herumlag. Sie schimpfte mit ihm genauso, wie sie mit mir schimpfte. Mit derselben Stimme. Dann gingen wir spazieren. Am liebsten auf den Roten Berg. Da gab es eine Wiese, auf der die Feldmäuse raschelten, da gab es ein Stück Wildnis, da gab es vor allem unseren Lieblingsweg.
Auf diesem Weg stand ein hoher, alter Baum – eine Buche. Ihre Wurzeln waren so dick wie Baumstämme. Manche Wurzeln standen hoch.
Unter den Wurzeln floss ein kleiner Bach. Hinter der Buche begann der Wald, ein sehr dunkler, unheimlicher Wald. Aber mein Großvater war ja bei mir. Wenn man ein kleines Stück in den Wald hineinging, kam man zu einem Teich. Dieser Teich hatte schwarzes, weiches Wasser. Wenn man die Hände hineinhielt, wurden sie zu silbrigen, fremden Dingen. Man musste sie schnell wieder herausziehen. Über den Teich flitzten Libellen. Am Rand des Teiches wanderten kleine, rote Krebse. Wir hockten dort und ließen Steinchen über die glatte, schwarze Fläche springen. Manchmal ließen wir Rindenschiffe unter dem Bootssteg durchfahren. Manchmal saßen wir nur so da.
Später, als ich schon ein großes Mädchen war und mein Großvater lange tot, habe ich den Weg gesucht. Ich habe ihn nicht gefunden. Alle sagten: „Du spinnst. So was gibt es hier nicht. Am Roten Berg! Lass dich nicht auslachen. Das hast du geträumt."
Ich war sicher, dass ich nicht geträumt hatte. Aber ich sagte nichts.

Da kam ich einmal ins Museum. Ich ging durch die Säle und sah die Bilder an. Plötzlich blieb ich stehen. Da hing ein Bild, nicht größer als eine Postkarte, in einem zarten, goldenen Rahmen.

Das war der Baum. Das waren die hoch stehenden Wurzeln. Das war der Bach. Das war der Wald. Vorne links ging es zum Teich. Ich blieb lange vor dem Bild stehen.

In den Wald bin ich nicht mehr gegangen. Das habe ich nur wirklich gekonnt, solange mich mein Großvater an der Hand gehalten hat. Und der war eben ein Zauberer. *Renate Welsh*

Katie Grant, 1999

Ein Weg, der verändert

Die Emmausjünger

Und siehe, zwei von ihnen gingen an demselben Tage in ein Dorf, das war von Jerusalem etwa zwei Wegstunden entfernt; dessen Name ist Emmaus.
Und sie redeten miteinander von allen diesen Geschichten.
Und es geschah, als sie so redeten und sich miteinander besprachen, da nahte sich Jesus selbst und ging mit ihnen.
Aber ihre Augen wurden gehalten, dass sie ihn nicht erkannten.
Er sprach aber zu ihnen: Was sind das für Dinge, die ihr miteinander verhandelt unterwegs? Da blieben sie traurig stehen.
Und der eine, mit Namen Kleopas, antwortete und sprach zu ihm: Bist du der Einzige unter den Fremden in Jerusalem, der nicht weiß, was in diesen Tagen dort geschehen ist?
Und er sprach zu ihnen: Was denn? Sie aber sprachen zu ihm: Das mit Jesus von Nazareth, der ein Prophet war, mächtig in Taten und Worten vor Gott und allem Volk; wie ihn unsre Hohenpriester und Oberen zur Todesstrafe überantwortet und gekreuzigt haben.
Wir aber hofften, er sei es, der Israel erlösen werde. Und über das alles ist heute der dritte Tag, dass dies geschehen ist.
Auch haben uns erschreckt einige Frauen aus unserer Mitte, die sind früh bei dem Grab gewesen, haben seinen Leib nicht gefunden, kommen und sagen, sie haben eine Erscheinung von Engeln gesehen, die sagen, er lebe.
Und einige von uns gingen hin zum Grab und fanden's so, wie die Frauen sagten; aber ihn sahen sie nicht.
Und er sprach zu ihnen: O ihr Toren, zu trägen Herzens, all dem zu glauben, was die Propheten geredet haben!
Musste nicht Christus dies erleiden und in seine Herrlichkeit eingehen?
Und er fing an bei Mose und allen Propheten und legte ihnen aus, was in der ganzen Schrift von ihm gesagt war.
Und sie kamen nahe an das Dorf, wo sie hingingen. Und er stellte sich, als wollte er weitergehen.
Und sie nötigten ihn und sprachen: Bleibe bei uns; denn es will Abend werden und der Tag hat sich geneigt. Und er ging hinein, bei ihnen zu bleiben.
Und es geschah, als er mit ihnen zu Tisch saß, nahm er das Brot, dankte, brach's und gab's ihnen.
Da wurden ihre Augen geöffnet und sie erkannten ihn. Und er verschwand vor ihnen.
Und sie sprachen untereinander: Brannte nicht unser Herz in uns, als er mit uns redete auf dem Wege und uns die Schrift öffnete?
Und sie standen auf zu derselben Stunde, kehrten zurück nach Jerusalem und fanden die Elf versammelt und die bei ihnen waren; die sprachen:
Der Herr ist wahrhaftig auferstanden und Simon erschienen.
Und sie erzählten ihnen, was auf dem Wege geschehen war und wie er von ihnen erkannt wurde, als er das Brot brach.

Lk 24,13-35

Janet Brooks Gerloff, 1992

Karl Caspar, 1938

Kommt er auch heute?

Emmaus

Vielleicht ist die Zeit schon bald erfüllt
und wir haben es nicht bemerkt.
Vielleicht kommst du
in einer Winternacht ohne Schnee,
irgendwo in Norddeutschland,
oder im Frühjahr,
wenn sowieso keiner mit dir rechnet.

                     Vielleicht kommst du
                        zu später Stunde,
                wenn das Kino aus ist,
            wenn die Nachtbars schließen
       und keine Straßenbahn mehr fährt.

Vielleicht treffe ich dich dann,
weil ich nicht schlafen kann,
irgendwo in dieser Stadt.
Wir machen uns bekannt
und du sagst, du seist Jesus,
und ich sage:
Angenehm, ich bin der Kaiser von China.
Und wir lachen.

              Und dann trinken wir ein Bier bei
            Theo am Ring, und später zeige
           ich dir den Betonklotz,
         wo mein Büro ist, und du sagst,
     es werde kein Stein auf dem anderen bleiben.
       Damit bin ich völlig einverstanden.

Später gehen wir in das kleine Stehcafé,
wo die Frühaufsteher hocken
und Stellenangebote lesen.
Dann wirst du dich neben uns setzen
und dein Brot mit uns teilen.

Daran werden wir dich erkennen.

Wolfgang Poeplau

Unerwartete Gemeinschaft

Telefon

Es regnet. Janni ist allein zu Hause. Sie steht am Fenster und schaut zu, wie die Tropfen an der Scheibe herunterlaufen. Janni hat das schon oft erlebt, aber diesmal ist es anders.
Sie summt ein paar Töne und folgt mit dem Finger den Regenlinien auf dem Glas, wieder und wieder. Gegenüber stehen die hohen, dunklen Häuser. Janni weiß nicht, wer da lebt. Sie ist noch nicht lange hier in der Stadt.
An einem der kleinen Balkone, die wie Käfige sind, hängt ein Handtuch. Es wird nass, denkt Janni, und sie wartet darauf, dass jemand das Handtuch hereinnimmt. Wer da wohnen mag? Und nebenan? Und darüber?
Die Häuser sehen aus wie einer, der nichts sagen will, denkt Janni. Sie hebt mit dem Fingernagel ein wenig Farbe vom Fensterrahmen. Es ist sehr still. Nur unten im Hof klopfen die Regentropfen auf die Deckel der Mülltonnen. Das Geräusch ist so gleichmäßig, dass es alles nur noch stiller werden lässt.
Janni wendet sich vom Fenster ab. Sie geht den bunt gemusterten Teppich entlang und wieder zurück. Das Zimmer scheint ganz leer zu sein. In Wirklichkeit stehen die Möbel wie immer. Sogar das Buch, in dem sie las, liegt noch auf dem Tisch. Janni nimmt es in die Hand.
„Seite siebenundvierzig", sagt sie laut.
Sekundenlang nehmen ihre Worte ein wenig Raum ein im leeren Zimmer. Dann sind sie fort. Wie Vögel, denkt sie. Sie geht zum Fenster und starrt in den Himmel. Aber es sind keine Vögel da.
Für einen Augenblick hat Janni das Gefühl, dass sie sich verirrt hat. Hierher, an einen Ort, an dem sie nie war. Ich bin allein zu Hause, denkt sie. Ich bin allein in der Welt. Sie geht zum großen Spiegel.
„Hallo", sagt sie. Ihre Stimme ist ganz weit hinten, und sie muss sich zweimal räuspern, bevor sie deutlich wird. „Hallo."
Sie drückt beide Hände gegen den Spiegel und die kalte, glatte Fläche erinnert sie flüchtig an die Eisbahn vom letzten Winter. Da waren viele gewesen. Aber Janni bringt das Bild nicht mehr recht zusammen. Es verliert seine Farben, wenn sie danach greift.
Sie geht einmal rund um den Tisch, fährt mit dem Zeigefinger an der Tischkante entlang. Dann setzt sie sich in den tiefen Sessel. Die Erde ist so rund wie ein Ball, fällt ihr plötzlich ein. Vielleicht sind alle Leute hinuntergefallen und bloß ich bin noch da, schießt es ihr durch den Kopf.
Sie fröstelt. Sie könnte sich einen Pullover holen – den himbeerroten. Aber sie zieht nur die Beine hoch und macht sich im Sessel ganz klein. Wenn sie die Augen schließt, ist es ein wenig, als ob sie fliegt. Da klingelt es. Es klingelt schrill und sehr laut und das Geräusch fällt wie ein Körper in die Stille. Janni erstarrt. Sie war weit fort. Telefon – begreift sie.
Beim zweiten Klingeln nimmt sie den Hörer hoch. Es ist eine Frauenstimme. „Farben Probst?", fragt sie. „Ist da Farben Probst? Ich möchte Herrn Tienert sprechen."
„Nein", antwortet Janni zögernd. „Nein, ich bin es – Janni."
Die Frau lacht. Janni stellt sich vor, dass sie auf einer Sessellehne sitzt.
„Janni", sagt die Frau. „Du bist wohl allein zu Haus?"

„Ja?" Janni schluckt. „Regnet es bei Ihnen auch?"
„Und ob!", lacht die Frau. „Was machst du denn so?"
„Ich bin allein zu Haus."
Janni findet, dass es eine furchtbar dumme Antwort ist. Und außerdem ist es ihr, als ob es nicht mehr so recht stimmt.
„Na ja", sagt die Frau. „Ich auch."
Plötzlich muss Janni lachen.
„Also denn", sagt die Frau.
„Vielen Dank für den Anruf", schließt Janni.
Das sagt ihre Mutter auch immer. Es ist richtig, das zu sagen. Die Frau lacht noch ein bisschen, dann knackt es in der Leitung.
Janni legt den Hörer auf. Sie fühlt sich prima. Als sie am Spiegel vorbeikommt, streckt sie die Zunge heraus. Sie schmiert sich ein Marmeladenbrot und geht damit ans Fenster. Tipp, tipp, tipp, denkt sie, der Regen ist ein graues Tier mit tausend Füßen.
„Ein Tier mit tausend Füßen", singt sie mit vollem Mund.
Und die Welt ist überhaupt nicht mehr leer. Vielleicht wohnt sie da drüben, denkt Janni, die Frau, die angerufen hat. Oder sonst wo. Da drüben wohnen jedenfalls viele Leute. Bald wird es dämmrig sein. Bei dem Wetter ist es früh dunkel. Dann zünden sie die Lichter an. Einer nach dem anderen. Bis alle Fenster hell sind.
Und Janni beginnt damit. Sie dreht am Lichtschalter. Vielleicht ist gegenüber jemand, der sich freut.

Gina Ruck-Pauquèt

Hubert Warter, 1994

Wege zueinander

BLICK AUF DAS DORF „NEVE SHALOM/WAHAT AL-SALAM"

DOMINIKANER BRUNO HUSSAR (1911–1996)

Neve Shalom – Wahat al-Salam

Nicht weit von Jerusalem und Bethlehem hat vor fast dreißig Jahren der Dominikaner Bruno Hussar das Dorf Neve Shalom/Wahat al-Salam, auf Deutsch „Oase des Friedens", gegründet, in dem Juden und Palästinenser aus eigenem Entschluss miteinander leben. Beim Studium der Heiligen Schrift der Juden und Christen in Jerusalem hielt Pater Bruno schon damals den Konflikt um sich herum nicht mehr aus. Er dachte, Juden Christen und Muslime sollten versuchen, im gemeinsamen Glauben an den einen Gott die Grundlage zu finden, als verträgliche Nachbarn zusammenzuleben.

Bruno Hussar fand den Namen „Neve Shalom" beim Propheten Jesaja (32,18). Die beiden vorausgehenden Sätze lauten: „Dann wird Rechtspruch in der Wüste wohnen und Gerechtigkeit wird der Friede sein und die Tat der Gerechtigkeit Ruhe und Sicherheit auf immer." Erst dann kommt die Zusage „Mein Volk wird in einer Wohnstätte (oder Aue, „neve") des Friedens wohnen."

Heute leben im Dorf 38 Familien, zur Hälfte jüdische und palästinensische Staatsbürger Israels. Zehn neue Familien bauen zurzeit ihre Häuser. Die arabischen Familien sind zur Hälfte Christen und Muslime. Juden und Palästinenser haben sich entschlossen, hier zusammenzuleben und gemeinsam für den Frieden zu arbeiten.

Seit mehr als 25 Jahren wirkt Neve Shalom/Wahat al-Salam auch durch Kurse seiner Friedensschule in die Gesellschaft hinein. Mehr als 25000 jüdische und arabische Israelis, u.a. Oberschüler, Studenten, Jugendleiter und Lehrer, und nach der teilweise erreichten Selbstverwaltung auch

Pädagogen und Studenten aus den palästinensischen Gebieten, haben an diesen Begegnungen teilgenommen. Vor allem soll die immer stärker werdende Kluft zwischen den jüdischen und palästinensischen Israelis überwunden werden – eine Arbeit, die viel Geduld und Klugheit, aber auch Aufrichtigkeit und Realismus verlangt.

Solche Versöhnungsarbeit wird ebenfalls gefördert mit einem zweisprachigen und bikulturellen dorfeigenen Erziehungssystem mit derzeit 290 jüdischen und arabischen Kindern, das von der Kinderkrippe über den Kindergarten bis in eine sechsklassige Grundschule reicht. Hebräisch und Arabisch sind gleichberechtigte Sprachen, in denen alle Kinder je nach der Sprache ihrer jüdischen und arabischen Lehrer unterrichtet werden. Kinder und Lehrer sind ebenfalls je zur Hälfte Araber und Juden. Die Zwischenfälle und Spannungen in der Region zwischen den beiden Volksgruppen gehen an Kindern und Lehrern natürlich nicht spurlos vorbei. Im Fernsehen sehen die Kinder bei Demonstrationen Plakate, auf denen den Verwandten ihrer Klassenkameraden der Tod oder die Vernichtung angedroht wird. Sie hören von Überfällen und Schießereien in ihrer Nachbarschaft. Lehrer müssen immer wieder versuchen zu erklären und zu beruhigen, obwohl sie selbst Schwierigkeiten haben, diesen Ausbruch sinnloser Gewalt auf beiden Seiten zu verstehen. *Hermann Sieben*

Vertraut den neuen Wegen

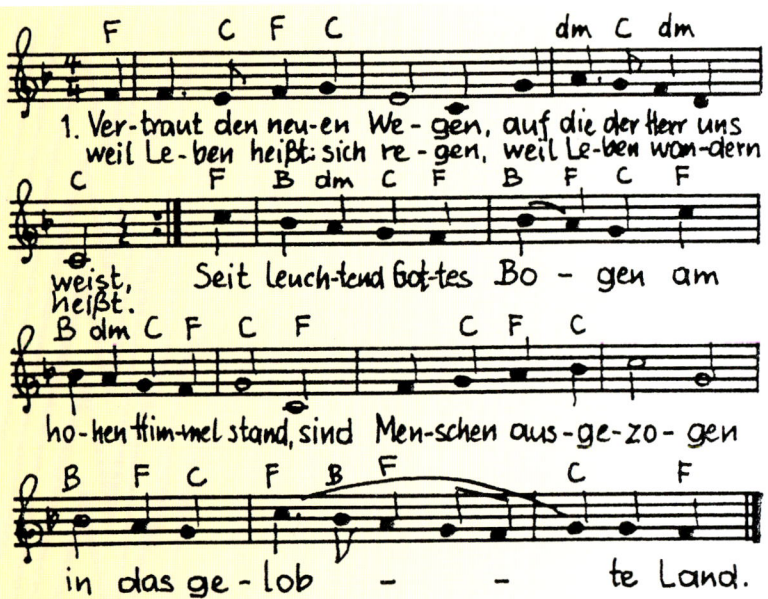

2. Vertraut den neuen Wegen / und wandert in die Zeit! /
Gott will, dass ihr ein Segen / für seine Erde seid. /
Der uns in frühen Zeiten / das Leben eingehaucht, /
der wird uns dahin leiten, / wo er uns will und braucht. /

3. Vertraut den neuen Wegen, / auf die uns Gott gesandt! /
Er selbst kommt uns entgegen. / Die Zukunft ist sein Land. /
Wer aufbricht, der kann hoffen / in Zeit und Ewigkeit. /
Die Tore stehen offen. / Das Land ist hell und weit.

T.: Klaus Peter Hertzsch, M.: Lob Gott getrost mit singen (EG 243)

Lernen fürs Leben

Begegnungen initiieren

Begegnungen mit anderen Menschen bieten die Chance, Neues kennenzulernen und das Alte in neuem Licht zu sehen. Das gilt besonders für Begegnungen mit anderen Konfessionen und Religionen. Wie können wir dazu beitragen, solche Begegnungen zu initiieren?

In Schule und Bekanntenkreis
- Wir stellen fest, welche Konfessionen und Religionen in unserer Schule oder in unserem Bekanntenkreis vertreten sind,
- und laden Schüler als Vertreter in unseren Religionsunterricht ein.
- Dort erzählen wir uns gegenseitig von unserem Religionsalltag.
- Wir fragen etwa nach, wie ihr Gottesdienst verläuft und ob es bei ihnen Entsprechungen zur Konfirmation gibt.

Vor Ort
- Wir erkundigen uns nach Gotteshäusern und Veranstaltungen anderer Konfessionen und Religionen in unserem Ort oder unserer Stadt (Zeitung, Gelbe Seiten, Internet).
- Wir besuchen eine Veranstaltung dort (Tag der offenen Tür, „Nacht der Kulturen", Feste, Gottesdienste usw.) und finden heraus, ob gemeinsame Ferienprogramme für Jugendliche angeboten werden.
- Wir fragen unsere Pfarrerin oder unseren Pfarrer, ob unsere Kirchengemeinde eine Partnerschaft mit einer anderen Gemeinde im Ausland pflegt und ob Besuche bevorstehen.

In Deutschland
- Wir achten darauf, ob andere Konfessionen oder Religionen sich auf dem Evangelischen Kirchentag mit eigenen Veranstaltungen präsentieren, und besuchen diese.
- Bei Besuchen von Großstädten nutzen wir die Gelegenheit, dort zentrale Orte anderer Konfessionen und Religionen aufzusuchen, kennenzulernen und evtl. mit Menschen dort ins Gespräch zu kommen (katholische Kirchen, Synagogen, Gotteshäuser von Freikirchen, Moscheen, Bahai-Tempel, Friedhöfe, Museen, Klöster usw.).
- Falls berühmte Vertreter einer anderen Konfession oder Religion unser Land aufsuchen, besuchen wir deren Großveranstaltungen (z.B. Papst, Dalai Lama).

Weltweit
- Wir erkundigen uns nach der Arbeit von „Aktion Sühnezeichen Friedensdienste" und prüfen für uns, ob wir uns daran beteiligen können. Wir bitten einen ehemaligen Freiwilligen, von seiner Arbeit in Polen, Russland, Israel oder den USA zu berichten.
- Wir übernehmen die Patenschaft für ein Kind in einem anderen Land (z. B. über „Brot für die Welt") und pflegen Briefkontakt.

Aufgaben – Impulse – Projektideen

- 203 BILD: ▶▶Beschreibt euch gegenseitig: Was seht ihr auf dem Bild? ▶Schreibe eine Geschichte über einen Menschen, der sich auf die Tür zubewegt.

- 204 GEDICHTE: ▶▶Führt in Tischgruppen stumme Schreibgespräche über eines der beiden Gedichte. ▶▶Bereitet euch als Tischgruppe darauf vor, „euer" Gedicht den anderen vorzustellen; Leitfrage: Welche Erfahrungen mit Alleinsein oder Begegnung werden angesprochen? Wo lässt sich Hoffnung erkennen? ▶Schreibe selbst einen kurzen Text „Einsam – gemeinsam".

- 205 FOTO: ▶▶Stellt die Figuren in Gruppen nach und fangt an zu laufen: vorwärts und wieder rückwärts. Trefft ihr euch? Könnt ihr euch in die Augen sehen? Berührt ihr euch? Stoppt dann, wenn ihr das Gefühl habt, dass ihr euch auf angemessene Weise „begegnet" seid.

- 206/207 DER WEG: ▶▶Besprecht zu zweit folgende Fragen: Was bedeutet es, wenn die Enkelin davon spricht, ihr Großvater sei ein Zauberer gewesen? Warum findet sie den Weg später nicht wieder? Wie versteht ihr die Sache mit dem Bild im Museum? Welche Bedeutung hat der Großvater für die groß gewordene Enkelin? ▶Hast du selbst eine/n solche/n Begleiter/in oder hättest du gern eine/n? Schreibe ihm/ihr eine fiktive E-mail, in der du ausdrückst, was er oder sie für dich bedeutet.

- 208 BILD: ▶Schreibe auf, was das Mädchen über seinen Schatten erzählen kann. ▶▶Vergleicht eure Darstellungen mit dem Wegbegleiter „Großvater".

- 209 DIE EMMAUSJÜNGER: ▶▶Spielt die Geschichte im Klassenraum nach. Stellt dafür Schilder auf, die die Stationen der Geschichte markieren. Notiert an jeder Station auf Plakaten eure Gefühlslage. ▶▶Diskutiert: Warum verschwindet Jesus in dem Moment, da die Jünger ihn erkennen?

■ 209/210 Zwei Bilder: ▶▶Teilt die Klasse und behandelt die folgenden Aufgaben getrennt für 1) das Bild von Janet Brooks Gerloff, 2) Karl Caspar; vergleicht am Ende die Ergebnisse: ▶Wer ist wer auf diesem Bild über die Emmausgeschichte? ▶▶Bildet Vierergruppen: Einer ist der Fotograf und die anderen drei stellen das Bild nach. ▶▶ Zu zweit: Schreibt den drei Personen ein Drehbuch.

■ 211 Emmaus: ▶▶Sprecht das Gedicht laut und im Stehen – jede/r eine Zeile. Tragt Gemeinsamkeiten mit der biblischen Emmausgeschichte zusammen. ▶Formuliere in einem Satz: Was ist hier ganz anders? ▶Schreibe ein eigenes Gedicht: „Dem Auferstandenen begegnen".

■ 212/213 Telefon: ▶Lies die Geschichte bis „.... schießt es ihr durch den Kopf". Schreibe sie dann weiter. ▶▶Vergleicht eure Schlüsse untereinander und dann mit dem Schluss im Buch. ▶▶Zu zweit: Geht das Gespräch durch und notiert: Was wird über die beiden Personen deutlich? ▶Beschreibe Jannis Veränderung.

■ 213 Bild: ▶▶Skizziert an der Tafel: Formen und Figuren, die ihr auf dem Bild entdeckt? ▶Einmal hatte ich mich verlaufen ..." – Schreib los. ▶▶Zu zweit: Was haben Bild und Text miteinander zu tun?

■ 214/215 Neve Shalom: ▶▶Informiert euch über den Konflikt zwischen Juden und Palästinensern in Israel. Verfolgt die aktuelle Politik zu diesem Thema. Macht ein Brainstorming über Lösungswege zu diesen Auseinandersetzungen. ▶Schreibe einen Zeitungsartikel über das Dorf Neve Shalom und seinen Gründer Bruno Hussar.

■ 215 Bild: ▶Zeichne das Bild nach. Gib deiner Zeichnung einen Namen.

■ 216 Vertraut den neuen Wegen: ▶▶Übt das Lied im Chor ein. Bringt Instrumente mit, um es zu begleiten: Bongos, Flöten, Rasseln, Trommeln ...

Entdeckt, verstanden, gestaltet

Begegnungen: Wer aufbricht, der kann hoffen

Ich kann	■ Gefühle der Einsamkeit beschreiben, die den Wunsch nach dem Zusammensein mit anderen Menschen einschließen.
Ich weiß,	■ dass das unerwartete Zusammentreffen von Menschen Veränderungen auslösen kann.
Ich kann	■ eine Geschichte wiedergeben, die davon erzählt, dass ein Mädchen in seinem Großvater einen wunderbaren Wegbegleiter erlebt.
Ich kann	■ die biblische Geschichte von den Emmausjüngern (Lk 24) als eine Weggeschichte mit einem unverhofften Wegbegleiter nacherzählen
und kann	■ beschreiben, wie sich die Jünger an den einzelnen Stationen dieser Weggeschichte jeweils fühlen.
Ich habe	■ darüber nachgedacht, was es bedeuten würde, wenn Jesus heute mit mir ein Stück meines Alltagsweges ginge.
Ich kann	■ das Grundanliegen des Zusammenlebens im Dorf Neve Shalom/Wahat al-Salam in Israel erklären und den Alltag dort erläutern.

Quellenverzeichnis

Lieder

S. 105: 1993 by Musikedition Discoton GmbH/Edition DTH (BMG UFA Musikverlage), München. –
S. 127: KiMu Kinder Musik Verlag GmbH, 45219 Essen
S. 216: Textrechte beim Urheber.

Texte

S. 7: D. J. Purnell, Geh an ihm vorbei, in: Dietrich Steinwede (Hg.), Neues Vorlesebuch Religion 2. Geschichten für Kinder von 6–14 Jahren, Ernst Kaufmann, Lahr 1988, S. 184. –
S. 10/11: Ursula Wölfel, Mannis Sandalen, in: dies., Die grauen und die grünen Felder, Anrich, Weinheim 1970. –
S. 12: Werner Raupp, Werkbuch Kirchengeschichte. 52 Personen aus zwei Jahrtausenden, Brunnen, Gießen 1987, Überarbeitung von 1998, S. 330ff. (gekürzt). –
S. 14: Hanna Kastendieck im Hamburger Abendblatt, 17. Juli 2004, (gekürzt). –
S. 16, 18: Josef Reding, Generalvertreter Ellebracht begeht Fahrerflucht, in: ders., Nennt mich nicht Nigger, Paulus, Recklinghausen 19644, S. 140–144. –
S. 24: Ulrich Schaffer, Und vergiss nicht zu träumen, in: ders., ... weil du einmalig bist, Ernst Kaufmann, Lahr 1998; Mascha Kaleko, Sehnsucht nach dem Anderswo, in: dies., In meinen Träumen läutet es Sturm, dtv, München 1977. –
S. 25: Antje Schrupp, Wie wohl die Luft woanders schmeckt?, in: Publik-Forum Extra, Sehnsucht ... Wie ein Tropfen im Ozean, Oberursel 1998, S. 26f. (gekürzt). –
S. 26: Ernesto Cardenal, Das Buch von der Liebe, Peter Hammer, Wuppertal 1991 (gekürzt). –
S. 29: Ulrich Cuntz/Andreas Hillert, Essstörungen, C.H. Beck, München 1998, S. 67f. –
S. 31: Günther Schulze-Wegener, Das halbe Brot, in: S. Körschgen, Signale im Jahreskreis, Fundstelle: Arbeitsgemeinschaft der Landesjugendpfarrerinnen und Landesjugendpfarrer in der Bundesrepublik Deutschland und der evangelischen Jugend in der Bundesrepublik Deutschland e.V. (aej), Bibel Andenken 1999, Hannover 1998, S. 117–119 (gekürzt). –
S. 32: Klaus Gourders, Die Mitte suchen (Misereor Materialien für die Schule 26), Aachen 1998, S. 74. –
S. 34: Markus Fürst, Seht selbst, es gibt ihn, den Himmel auf Erden, Quelle unbekannt. –
S. 35: Bärbel Nagel, Aufrichten, in: Gemeinschaftswerk der Evangelischen Publizistik e.V., aufSehen. Eine Fastenaktion der Evangelischen Kirche, Fastenkalender 1996, 26. Tag, Frankfurt/M. –
S. 36: Sigrun Günther-Lang, Sieben Wochen ohne?, in: Gemeinschaftswerk der Evangelischen Publizistik e.V., MedienLos. Eine Fastenaktion der Evangelischen Kirche, Fastenkalender 1999 1. Tag, Frankfurt/M.; Das Wurzelprojekt, nach einer Idee aus: Religion – betrifft uns, 1/1990, Fasten. Kopf-Putz-Zeit. –
S. 48: Aussagen Julia, Dorothea, Fabian, in: Publik Forum, Nr. 3, September 1999; Katharina; in: Gerd-Rüdiger Koretzki/Rudolf Tammeus, Religiöse Lebensläufe – literarisch verarbeitet bzw. autobiographisch verdichtet, in: Wilfried Bergau (Hg.), Arbeitshilfe für den evangelischen Religionsunterricht Nr. 53, Religion lernen aus Lebensgeschichten?, Hannover 1994. –
S. 49: Jutta Richter, Himmel, Hölle, Fegefeuer. Versuch einer Befreiung, Rowohlt, Reinbek 1985. –
S. 50: Gisela Zimmermann, Geborgenheit, in: dies. (Hg.), Auf die Hände geschaut, Christliche Verlagsanstalt, Konstanz 1988. –
S. 51: Islamisches Zentrum Aachen e.V. (Hg.), Allah hat die schönsten Namen (Schriftenreihe „Kenne den Islam", Nr. 2), Aachen 2000. –
S. 60f.: Nelly Sachs, Ehe es wächst, lasse ich euch es erlauschen. Jesaia, in: dies., Das Leiden Israels, Suhrkamp, Frankfurt/M. 1964, S. 78–79. –
S. 72: Verband der Deutschen Juden (Hg.), Die Lehren des Judentums nach den Quellen, Bd. II, neu herausgegeben und eingeleitet von Walter Homolka unter Mitarbeit von Walter Jacob und Tovia Ben Chorin, Knesebeck, München 1999, S. 179 (Leo Baeck); Kleiner Islamischer Katechismus, zusammengestellt von Mehmet Soymen, übersetzt von Hulusi Ahmed Schmiede (Veröffentlichungen der Behörde für religiöse Angelegenheiten: Nr. 79), Ankara 1972, S. 18f. –
S. 79: Luise Rinser, Mirjam, Fischer, Frankfurt/M. 1987, S. 14f., 50. –
S. 80: R. Traitler, Begegnung, in: Gina Schibler, Maria Magdalena – Apostelin ohne Amt? Feministisch-kreative Zugänge zu einer biblischen Figur, in: Peter Biehl/Christoph Bizer/Hans-Günther Heimbrock/Folkert Rickers (Hg.), Jahrbuch der Religionspädagogik (JRP), Band 8, 1991, Neukirchener Verlag, Neukirchen-Vluyn 1992. –
S. 83: Walter J. Hollenweger, Konflikt in Korinth – Memoiren eines alten Mannes. Zwei narrative Exegesen zu 1.Kor 12–14 u. Ez 37, Kaiser, München 19906, S. 34ff. –
S. 84: Rüdiger Müller, Soviel Liebe fasst ein Leben. Elisabeth von Thüringen, Herder, Freiburg i. Breisgau 1993, S. 4 ff. –
S. 87: Luise Schottroff, in: Dorothee Sölle, Luise Schottroff, Die Erde gehört Gott, Rowohlt Taschenbuch Verlag GmbH, Hamburg, 1985, S. 137f. (gekürzt). –
S. 88: Dorothee Sölle, Gott denken. Einführung in die Theologie, dtv, München 1997, S. 184–187 (gekürzt). –
S. 89: Arbeitshilfe zum Weltgebetstag der Frauen am 2. März 2001, S. 9 (gekürzt); Deutsches Weltgebetstagskomitee, Postfach 1240, 90544 Stein, Tel. 0911/6806301. –
S. 90: Deutsches Weltgebetstagskomitee (Hg.), Miteinander unterwegs. Frauenprojekte des Deutschen Weltgebetstagskomitees, Klens, Düsseldorf 1998, S. 258f. –

S. 97: Sure 5,48, in: Der Koran, übersetzt v. Max Henning, Einleitung u. Anmerkungen v. Annemarie Schimmel, Reclam, Stuttgart 1998, S. 121; Sure 112, in: Der Koran, übersetzt v. Friedrich Rückert, hg. v. Hartmut Bobzin, mit erklärenden Anmerkungen v. Wolfdietrich Fischer, Ergon, Würzburg 20003, S. 480; Sure 40,61–62.64, in: Der Koran, übersetzt v. Adel Theodor Khoury, unter Mitwirkung v. Muhammad Salim Abdullah, Gütersloher Verlagshaus, Gütersloh 1987, in der Verlagsgruppe Random House, S. 362; Sure 7,54, in: Der Koran, übersetzt v. Rudi Paret, Kohlhammer, Stuttgart/Berlin/Köln/Mainz 1979. –
S. 98: Aus Sure 6 und 21, in: Der Koran, übersetzt v. Adel Theodor Khoury, a.a.O. –
S. 99: http://www.eislamicsoftware.com/ibrahim.htm (Version vom 17.3.08). –
S. 100: Ibn Ishaq, Das Leben des Propheten, Spohr, Kandern 1999, S. 45-47 (gekürzt). –
S. 102: Ibn Ishaq, Das Leben des Propheten, a.a.O. S. 244. –
S. 102: Sure 29,46, in: Der Koran, übersetzt v. Adel Theodor Khoury, a.a.O., S. 304f.; Sure 2,177, in: Der Koran, hg. v. Hartmut Bobzin, a.a.O., S. 86. –
S. 104: Ibn Ishaq, Das Leben des Propheten, a.a.O. –
S. 107: Azza Ahmed, in: Studienkreis für Tourismus und Entwicklung e.V., Kapellenweg 3, 82541 Ammerland, Islam verstehen (Sympathie Magazin Nr. 26), Druck: J. Gotteswinter, München 1997, S. 26 (gekürzt). –
S. 108: Carsten Holm, Rätsel Islam. Weltmacht hinterm Schleier, in: Spiegel special 1/98, S. 102. –
S. 109: Sarah Mazloumsaki/Gerd Becker, Nizahad und Gülin, in: Frank Bliss, Zum Beispiel Islam im Alltag. Die von Mohammed gestiftete Religion wird zum neuen Feindbild (Reihe Süd-Nord 249), Lamuv, Göttingen 1994, S. 56-559 (gekürzt). –
S. 119: Otfried Preußler, Krabat, K. Thienemanns, Stuttgart 1981, S. 22-23 (gekürzt). –
S. 120/121: Joanne K. Rowling, Harry Potter und der Stein der Weisen, Carlsen, Hamburg 1998, S. 101–105 (gekürzt). –
S. 123: Wolfgang Poeplau, Schwimmen, in: Sigrid Berg, Biblische Bilder und Symbole erfahren. Ein Material- und Arbeitsbuch, Kösel/Calwer, München/Stuttgart 1996, S. 108f. (gekürzt). –
S. 126: Wolfdietrich Schnurre, Schattenfotograf, Paul List, München 1978, S. 206. –
S. 137: Kurt Marti, Am Holz, Geduld und Revolte. Die Gedichte am Rande, Radius, Stuttgart 1984, S. 66. –
S. 138: Eveline Erlsbacher, In den Hohlwegen, in: „Amseln singen leise am Fenster", SOS-Kinderdorf, Innsbruck o.J. –
S. 139: Terre des hommes (Hg.), Albtraum ohne Ende. Kinder im Krieg, Ankum 19993, S. 12–15. –
S. 141: Ich träume vom Frieden. Bilder vom Krieg, von Kindern aus dem ehemaligen Jugoslawien. Mit einem Vorwort von Sir Peter Ustinov. UNICEF, München 1994, S. 23, 30, 35, 59. –
S. 142-144: Anatole France, Der Christus aus dem Ozean, in: Heidi Kaiser (Hg.), Leiden und Hoffen. Ein Lesebuch für Schule und Gemeinde, Ernst Kaufmann, Lahr 1993, S. 168. –
S. 145: Glaubensbekenntnis, nach: Kurt Marti, Für eine Welt ohne Angst, Peter Hammer, Wuppertal, 1985. –
S. 147: Harold Kushner, When things happen to good people, Paul & Fritz, Zürich 1981; Dietrich Bonhoeffer, Widerstand und Ergebung, Briefe und Aufzeichnungen aus der Haft, hg. v. Eberhard Bethge, Gütersloher Verlagshaus, Gütersloh, in der Verlagsgruppe Random House, 198312, S. 182. –
S. 152, 154: Jörg Müller/Anita Siegfried/Jürg E. Schneider, Auf der Gasse und hinter dem Ofen. Eine Stadt im Spätmittelalter, Sauerländer, Aarau/Frankfurt/M./Salzburg 1995 (gekürzt). –
S. 157: Martin Luther, Vorrede zu Band I der lateinischen Schriften, in: Kurt Aland (Hg.), Luther Deutsch. Die Werke Martin Luthers in neuer Auswahl für die Gegenwart, Bd. 2: Der Reformator, Vandenhoeck & Ruprecht, Göttingen 1981Ç, S. 19f. (gekürzt). –
S. 158: Martin Luther, Von der Freiheit eines Christenmenschen, 1520, in: WA 7, S. 35f. (gekürzt). –
S. 163/164: Gudrun Pausewang, Trotzdem, in: Dietrich Steinwede (Hg.), Neues Vorlesebuch Religion 2. Für Kinder von 6-14 Jahren, Ernst Kaufmann, Lahr, 1998, S. 200-203 (gekürzt). –
S. 170: Ulrich Schaffer, kurzbiografie, in: Arbeitsgruppe INFAG-pädagogisch (Hg.), Barfuß. Franziskus von Assisi Lesebuch, Dietrich-Coelde-Verlag, Werl 19943, Umschlagseite. –
S. 172/173: Scott O' Dell, Das Feuer von Assisi, dtv, München 1989, S. 28-31. –
S. 175: Legenden, in: Adolf Holl, Der letzte Christ. Franz von Assisi, Deutsche Verlags-Anstalt, Stuttgart 1979, S. 59, 67; Franziskus, in: Veit-Jakobus Dieterich, Franz von Assisi, Rowohlt, Reinbek 1995, S. 38. –
S. 176: Legende, in: Anton Rotzetter, Von Demut, Frieden und anderen Torheiten: franziskanische Texte gedeutet für die Menschen unserer Zeit, Paulus, Freiburg (Schweiz) 1990, S. 78. –
S. 179: Franz von Assisi, Sonnengesang; nach der Übersetzung in: Barfuß, a.a.O. S. 97. –
S. 182: Franziskaner Mission Nr. 3/1998, Brasilien: Licht und Schatten, S. 20–23. –
S. 189: Im Iglu, in: Normee Ekoomiak, Inuit. Bilder aus einer Kindheit in der Arktis, Speer, Zürich 1988, o. S. (bearbeitet). –
S. 190: Sila, in: Ivar Paulson u.a., Die Religionen Nordeurasiens und der amerikanischen Arktis, W. Kohlhammer, Stuttgart 1962, S. 506. –
S. 191: Efua Theodora Sutherland, Mais, in: Schwarzer Orpheus. Moderne Dichtung afrikanischer Völker beider Hemisphären, ausgewählt und übertragen von Janheinz Jahn, Carl Hanser, München 1964, S. 44-45. –
S. 192: Kmvum hat die Bäume, in: Adel Theodor Khoury/Georg Girsch, So machte Gott die Welt. Schöpfungsmythen der Völker, Herder, Freiburg i. Breisgau 1985, S. 16; Wenn in der Nacht, in: Alfonso M. Di Nola (Hg.), Gebete der Menschheit. Religiöse Zeugnisse aller Zeiten und Völker, Insel, Frankfurt/M. 1977, S. 21. –
S. 193: An die Erde, in: Alfonso M. Di Nola (Hg.), Gebete der Menschheit, a.a.O., S. 25f.; Die Namen des höchsten Gottes, in: Kofi Edusei, Für uns ist Religion die Erde, auf der wir leben. Ein Afrikaner erzählt von der Kultur der Akan, Urachhaus, Stuttgart 1985, S. 31. –
S. 194: Birago Diop, Der Hauch der Ahnen, in: Schwarzer Orpheus, a.a.O., S. 10. –
S. 195: Mechthild Clauss (Hg.), Der große Stuhl macht noch keinen König. Afrikanische Schüler schreiben in deutscher Sprache, Ev.-Luth. Mission, Erlangen 1974, S. 122–123. –
S. 197: Was sind Fetische?, Museum für Völkerkunde, Frankfurt/M. 1986, S. 13–17 (gekürzt). –

S. 198: Chinua Achebe, Okonkwo. Oder: Das Alte stürzt, Suhrkamp, Frankfurt/M. 1983, S. 164f. –
S. 204: 1. Rolf Dieter Brinkmann, Selbstbildnis im Supermarkt, aus: Standphots. Gedichte 1962-1970. Reinbek: Rowohlt, 1980, S. 204. 2. Dieter Leisegang, Einsam und allein., aus: Lauter letzte Worte. Gedichte und Miniaturen. Hrsg. v. Karl Corino. Edition Suhrkamp. Ffm, 1980. –
S. 206/207: Renate Welsh, Der Weg, in: Hans-Joachim Gelberg (Hg.), Das achte Weltwunder, Beltz, Weinheim und Basel 1979, S. 318f. –
S. 211: Wolfgang Poeplau; Emmaus, in: Heidi Kaiser (Hg.), Leiden und Hoffen. Ein Lesebuch für Schule und Gemeinde, Ernst Kaufmann, Lahr 1993, S. 286. –
S. 212/213: Gina Ruck-Pauquèt, Telefon, in: Dietrich Steinwede (Hg.), Neues Vorlesebuch Religion 1. Geschichten für Kinder von 6-14, Ernst Kaufmann, Lahr 1996, S. 38-40. –
S. 214/215: Hermann Sieben, Ruhe für das Heilige Land, aus: Christ in der Gegenwart im Bild 1 (2001), S. 4-8 (gekürzt).

Bibeltexte

S. 8, 33, 44, 46 (ohne Ps 118,15f.), 70, 118, 124, 128, 160, 208: Lutherbibel, revidierter Text 1984, durchgesehene Ausgabe in neuer Rechtschreibung, © 1999 Deutsche Bibelgesellschaft, Stuttgart. –
S. 45, 46 (nur Ps 118,15f.), 52, 65, 68, 72, 80, 82: Einheitsübersetzung der Heiligen Schrift, © 1980 Katholische Bibelanstalt, Stuttgart. –
S. 125: „Die Heilige Schrift des Alten und Neuen Testaments" 1931/1995, © Genossenschaft Verlag der Zürcher Bibel.

Bilder

Umschlagabb.: Charley Case, Brüssel.–
Innenumschlag vorn und hinten, S. 1, © Siegfried Krüger, Dortmund –
Die Vignetten auf den Seiten „Lernen fürs Leben": © Christof Tisch, Wiesbaden.–
S. 5: Getty Images Stone/Colin Hawkins. –
S. 6: „Der barmherzige Samariter", © VG Bild-Kunst, Bonn 2008. –
S. 8/9: Hans-Georg Anniès, Moritzburg. –
S. 11: Volker Rodermund, Bielefeld. –
S. 12: Landesbildstelle Westfalen, Münster. –
S. 13: © v. Bodelschwinghsche Anstalten Bethel, Bielefeld. –
S. 15: Brot für die Welt, Stuttgart. –
S. 17: „Überlaufen". –
S. 23: „Das Bild an sich", © VG Bild-Kunst, Bonn 2008. –
S. 26: © Fridbert Schwartz. –
S. 27: „Raucher", © Succession Picasso/VG Bild-Kunst, Bonn 2008. –
S. 28: epd-Bild/Schulten. –S. 30: „Wartende", Galerie Ludwig, Oberhausen. –
S. 32: Nikolaus von Flüe, Urrad. –
S. 33: Autorenfoto. –
S. 34: „Grünes Interieur mit Leiter", © VG Bild-Kunst, Bonn 2008. –
S. 41: „Hände", © VG Bild-Kunst, Bonn 2008. –
S. 42: Marie Dorigny, Andrés Hand. –
S. 43: Illustr. von Doris Westheuser. Entn. aus: Religion – spielen und erzählen, Band 1, © Gütersloher Verlagshaus, Gütersloh, in der Verlagsgruppe Random House. –
S. 45: Die Hand Gottes, Fresco aus der Kirche San Clemente in Tahull, Katalonien. –
S. 47: „Die Hand Gottes", © 2001 Georg Baselitz, Vorlage: Kunstmuseum Bonn. –
S. 49: Helmut Hanisch, Die zeichnerische Entwicklung des Gottesbildes bei Kindern und Jugendlichen, Ev. Verlagsanstalt/Calwer, Leipzig/Stuttgart 1996, Bild 37. –
S. 51: Gebetskette, Dr. Barbara Huber-Rudolf, CIBEDO Frankfurt. –
S. 52: Isenheimer Altar (Ausschnitt), AKG, Berlin. –
S. 53: Wartburg-Stiftung, Eisenach. –
S. 54: Fotos: Oda Lipowksy, in: Amt für Gemeindedienst in der Evangelisch-Lutherischen Kirche in Bayern (Hg.), Hand-Reichungen. –
S. 59: © Sieger Köder, Propheten – Gottes Rufer. –
S. 60: Victor I. Stoichita, Das mystische Auge. Visionen und Malerei im Spanien des Goldenen Zeitalters, Wilhelm Fürth, München 1997, Abb. 71. –
S. 61: Ivan Steiger sieht die Bibel, Verlag Katholisches Bibelwerk und Deutsche Bibelgesellschaft, Stuttgart. –
S. 62/63: „Nach dem Unglück", © VG Bild-Kunst, Bonn 2008. –
S. 64/65: „Eine ungerechte Gesellschaft", © VG Bild-Kunst, Bonn 2008. –
S. 66/67: Brot für die Welt, Stuttgart. –
S. 68 o.: Othmar Keel, Die Welt der altorientalischen Bildsymbolik und das Alte Testament, Benziger Verlag, Düsseldorf/Zürich, S. 150 (Abb. 234). –
S. 68 u.: Othmar Keel, Jahwe Visionen und Siegelkunst, © Katholisches Bibelwerk Stuttgart 1977, S. 109 (Abb 92). –
S. 69: „Der Segen des Fortschritts", in: Silvia Schroer/Thomas Staubli, Die Körpersymbolik der Bibel, Wissenschaftliche Buchgesellschaft, Darmstadt 1998, S. 116 (Abb. 43). –
S. 70/71: „Das Reich des Friedens". –
S. 72: © Leo Lebendig
S. 77: epd-Bild. –
S. 78: Unbekannter Künstler, Magdalena als Büßerin. –
S. 81: „Ich habe den Herrn gesehen", © VG Bild-Kunst, Bonn 2008. –
S. 82: „Kirche", in: Münchner Arbeitsstelle Kirchentag 1993, Dia-Meditationen. 12 Bilder zur Losung und den Themenbereichen Kirchentag 1993, Bild 4. –
S. 85: „Die heilige Elisabeth schenkt ihren Schmuck den Armen", Maagdenhuismuseum, Antwerpen. –
S. 86: „Der Lebensbaum", Mittelbild des Gemäldes „Das weibliche Antlitz Gottes", © Lucy D'Souza-Krone. –
S. 88: © Stuart Owen Fox/The Silent Picture Show, Australien. –
S. 89: "Talitha kumi", Meditationsbild des Weltgebetstages 2000. –
S. 90: Deutsches Weltgebetagskomitee (Hg.), Miteinander unterwegs. Frauenprojekte des Deutschen Weltgebetstagskomitees, Klens, Düsseldorf 1998, S. 193. –
S. 95: Islamische Vision von Jesaja 21,6–9. –
S. 96/97: AKG, Berlin. –
S. 100/101, 106: Ali Kazuyoshi Nomachi/Seyyed Hossein Nasr, Mekka, Frederking & Thaler 1997, S. 64. –
S. 103: AKG, Berlin. –
S. 105: Quelle unbekannt. –

S. 107: Malise Ruthven, Der Islam, Stuttgart 2000, S. 208, © 2000 Philipp Reclam jun., Stuttgart. –
S. 108: Herlinde Koelbl, Neuried. –
S. 110: www.ezsoftech.com/ebooks/QuranicVerses.pdf
S. 115: © Sieger Köder, Jesus heilt Kranke. –
S. 116: Sybille Bergemann/OSTKREUZ. –
S. 118: „Die Heilung der Schwiegermutter des Petrus", fol. 77r aus der Handschrift 1640, Hessische Landes- und Hochschulbibliothek, Darmstadt. –
S. 121: Ivan Steiger sieht die Bibel, Verlag Katholisches Bibelwerk und Deutsche Bibelgesellschaft, Stuttgart. –
S. 122: „Überfahrt II", © VG Bild-Kunst, Bonn 2008. –
S. 124: Aus: „Religion betrifft uns" Ausgabe 01/1990 © Bergmoser + Höller Verlag AG, Aachen. –
S. 126: So erleben Kinder Multiple Sklerose (Ausstellungsbroschüre), © Deutsche Multiple Sklerose Gesellschaft Bundesverband e.V., Hannover. –
S. 128: Quelle unbekannt. –
S. 133: „Kreuzigung und Auferstehung" (Ausschnitt), Zagbar, Ostsyrien. –
S. 135 o. re.: Bravo v. 16.12.1998. –
S. 135 u. li.: „Betende Maria", in: Alfons Rosenberg, Kreuzmeditationen, Kösel-Verlag in der Verlagsgruppe Random House, München 1976. –
S. 137: Zeichnung v. W. Tambour, Rekonstruktion der Kreuzigung des Jehôhanan mit gekrümmten Beinen, in: Rudolf Mack/Dieter Volpert, Der Mann aus Nazareth – Jesus Christus. Oberstufe Religion, hg. v. Eckhart Marggraf und Eberhard Röhm (Materialheft 7), Calwer, Stuttgart 19937, S. 42. –
S. 138: dpa. –
S. 140: „Vater, gehe nicht in den Krieg", in: Ich träume vom Frieden. Bilder vom Krieg, von Kindern aus dem ehemaligen Jugoslawien. Mit einem Vorwort von Sir Peter Ustinov. UNICEF, München 1994, S. 22. –
S. 145: © Sieger Köder, Tabernakelkreuz im Kinderdorf Marienpflege, Ellwangen. –
S. 146: „Saatfrüchte sollen nicht vermahlen werden", © VG Bild-Kunst, Bonn 2008;Vorlage: Käthe Kollwitz Museum Köln, Träger: Kreissparkasse Köln. –
S. 151: „Die Heimkehr des verlorenen Sohnes". –
S. 153: Gewirkter Grabteppich mit Jüngstem Gericht, Nürnberg, Inv.-Nr. Gew 671, Germanisches Nationalmuseum, Nürnberg. –
S. 156: Rechtfertigungsbild auf dem Marienaltar zu Heilsbronn (Ausschnitt), Oberfränkischer Ansichtskartenverlag Bouillon, Bayreuth. –
S. 159: Filmplakat: Luther. Er veränderte die Welt für immer, Matthias Film, © NFP media rights GmbH & Co.KG. –
S. 161: „Der verlorene Sohn". –
S. 162: Ökumenische Friedensdekade 1997, hg. v. Gesprächsforum Ökumenische Friedensdekade, c/o Arbeitsgemeinschaft Christlicher Kirchen in Deutschland e.V. –
S. 169: Scala, Florenz. –
S. 171: AKG, Berlin. –
S. 173: Barfuß. Franziskus von Assisi. Lesebuch, zusammengestellt u. hg. v. der Arbeitsgruppe INFAG-pädagogisch, Dietrich-Coelde-Verlag, Werl 19943, S. 35. –
S. 176: Löffler/CCC, www.c5.net. –
S. 178: © Sieger Köder, Sonnengesang des Franziskus, Kapelle im Kinderdorf Marienpflege, Ellwangen. –
S. 180: Tafelkreuz, Italien. –
S. 181: „Kreuz des Friedens", Postkarte der Missionszentrale der Franziskaner, Bonn.
S. 182: Franziskaner Mission Nr. 3/1998, S. 20-23. –
S. 187: „Sednas Freigiebigkeit", Indian and Northern Affairs Canada, Ottawa, Ontario 2.83.9, in: Im Schatten der Sonne, a.a.O., S. 610. –
S. 188: „Es ist sehr windig und er friert", Canadian Museum of Civilization, Ottawa, Ontario (POV 1982-7), in: Im Schatten der Sonne. Zeitgenössische Kunst der Indianer und Eskimos in Kanada, hg. v. Gerhard Hoffmann, Edition Cantz, Stuttgart 1988, S. 560. –
S. 191: Jörg Kaas/LOOK. –
S. 192: Werner F. Bonin, Die Götter Schwarzafrikas, Verlag für Sammler, Graz 1979, S. 359. –
S. 193: Kofi Edusei, Für uns ist Religion die Erde, auf der wir leben. Ein Afrikaner erzählt von der Kultur der Akan, Verlag Urachhaus, Stuttgart 1985, S. 57. –
S. 194: Rum bei Bafia/Kamerun, Foto: Riepe, Haan. –
S. 196: © Africa-Museum Tervuren (Belgien)/Foto: H. Schneebeli. –
S. 198: Karl-Ferdinand Schaedler, Götter, Geister, Ahnen: afrikanische Skulpturen in deutschen Privatsammlungen/Villa Stuck München, München 1992, S. 29. –
S. 203: © Piroska Jávor, Ungarn. –
S. 205: „Begegnungen" v. Christoph Schütz, CH-Fribourg. –
S. 207: Oliviero Toscani, Beten, © Pattloch Verlag, München. –
S. 208/209: Janet Brooks Gerloff, Unterwegs nach Emmaus, 1992, © VG Bild-Kunst, Bonn 2008. –
S. 210/211: „Emmaus", © Köster/VG Bild-Kunst, Bonn 2008. –
S. 213: Gerhard Jost, „Im Labyrinth des Lebens", Kassel 1997. –
S. 214: Hermann Sieben, St. Augustin. –
S. 215: La Biblia, Edicion Pastoral. Latinoamerica, Ediciones Paulinas/Editorial Verbo Divino, Madrid/Navarra 197240, Bildblatt zw. S. 128 u. 129.

Der Verlag hat sich bemüht, die Rechteinhaber aller verwendeten Materialien ausfindig zu machen. Leider ist dies nicht in allen Fällen gelungen. Der Verlag ist für weitere Hinweise dankbar.